QUE SAIS-JE ?

La contrepèterie

JOËL MARTIN
Physicien

Deuxième édition

19ᵉ mille

DU MÊME AUTEUR

Manuel de Contrepet, l'art de décaler les sons, Albin Michel, 1986.
Sur l'Album de la Comtesse 1979-1987, Albin Michel, 1988.
Le contrepêtisier, Presses de la Cité, « Hors collection », 1992.
La vie des mots (l'ami des veaux), Albin Michel Jeunesse, 1994.
Contrepétarades, Le Seuil, coll. « Point-virgule », 1994.
L'art des mots (l'eau des mares), Albin Michel Jeunesse, 1995.
Contrepétines, Albin Michel Jeunesse, 1996.
Sur l'Album de la ContesTe, Albin Michel, 1997.
Le dico de la Contrepèterie, Le Seuil, 1997.
Des prénoms fous, fous, fous, Albin Michel Jeunesse, 2000.
La Bible du Contrepet, Robert Laffont, coll. « Bouquins », 2003.

ISBN 978-2-13-057525-2

Dépôt légal — 1re édition : 2005
2e édition, 2e tirage : 2009, mai

© Presses Universitaires de France, 2005
6, avenue Reille, 75014 Paris

AVANT-PROPOS

Le Contrepet [1], c'est l'art de décaler les sons [2] que débite notre bouche. À partir d'une phrase, on en bâtit une autre, en permutant consonnes, voyelles, syllabes, etc. Le résultat de cette *contrepèterie* est une autre phrase, proche par ses sonorités mais de sens fort déplacé par rapport à la phrase première. Une tradition gauloise semi-millénaire veut que cette nouvelle phrase soit interdite de séjour au Couvent des Oiseaux. Mais, pour ne pas priver les jeunes novices de l'ineffable plaisir de faire pirouetter les mots, on peut le rendre innocent. Il suffit d'écarter momentanément ces vocables dont notre langue regorge et que réprouvent certains censeurs. Nous savons peu communiquer avec les censeurs qui professent des vertus plus morales que charitables. Nous nous contenterons ici de mettre en lumière d'autres vertus, celles de ce revigorant art du Contrepet, auquel, voici près de cinq cents ans, Rabelais donna ses lettres de noblesse.

La pratique solitaire et surtout collective de la contrepèterie est un jeu de méninges menant à une explosion d'allégresse. Son onde de choc propage la jubilation. Le Contrepet est voltige intellectuelle autant qu'introspection, soupape individuelle ou thérapie de groupe. Contrepéter, c'est jeter un voile décent sur des choses prétendues inavouables et pourtant si agréables et universellement pratiquées. C'est dire l'indicible. Mais c'est aussi tirer la langue à l'ordre établi, entarter verbalement les puissants.

Le Contrepet catalyse les vertus cathartiques de l'exploration de l'*ego* par les mots. Il déclenche des rêves éveillés. Il est un puissant antidote à la pensée unique. Il est un merveilleux vecteur de thérapie par le rire. Le Contrepet soulage, défoule, réjouit. Il devrait être remboursé par la Sécurité sociale.

Dans l'attente d'un Eden où serait reconnue et conventionnée la profession de contrepétothérapeute (il ne faudrait pas trop tarder avant de reconnaître un tel métier [3]), nous donnerons dans cet ouvrage les fondements de l'art de reconnaître, de décrypter et de forger les contrepèteries. Les exemples fourmilleront, classiques patinés par cinq siècles d'Histoire contrepétulante, et modernes totalement inédits. Nous verrons au passage que peu d'activités humaines, peu d'actes manqués ou réussis échappent au Contrepet.

Nous croiserons au fil des pages les mânes de Freud, Bergson, Lacan, même Kant (l'écriture de la raison pique), et Rabelais, bien sûr. Nous penchant sur leurs dires, nous traquerons leurs mots jamais passifs et nous les citerons en déballant nos sources au cours de ces balades où nous dégagerons de leur verbe agile un sens bien actuel et contrepétulant. L'honneur d'être publié dans cette prestigieuse collection incite à la rigueur dans la justification des thèses que nous esquissons. Le Contrepet nous y aide puissamment dès que nous rappelons que les patients du grand Sigmund exposaient leur vide affreux. Tâche rude, mais exaltante, consécration dont nous rêvions.

Nous avons toujours été dans l'attente des PUF...
Cet avant-propos dissimule douze contrepèteries.

AVERTISSEMENT

Le physicien que nous sommes n'est ni phonéticien, ni historien, ni lacanien, ni psychanalyste, ni psycholinguiste. Nous avons écrit cet ouvrage sous le non-contrôle de ces éminents spécialistes. Ce livre est un « Que sais-je ? », pas un « Que savent-ils ? ». Musicien amoureux des verbes en joie, agitateur impénitent des mots que nous voyons passer, nous contrepétons comme chante le gondolier, musicien fluide ignorant le solfège. Nous décalons les sons comme bâtit ses rêves le cancre de la classe, philosophe profond ignorant tout de Nietzsche. Nous somme le monsieur Jourdain des prestigieuses disciplines mentionnées plus haut. Convaincu que faire valser les phonèmes fouille, c'est une quête, la relation profonde du mot et du moi, c'est sous le truculent éclairage du Contrepet que nous tentons d'entrevoir ce que nous ignorons. Cet ouvrage de linguistique combinatoire à connotation rabelaisienne livre nos cogitations de béotien, mais de béotien abreuvé à de prestigieuses sources. Nous déballons ces sources à la fin de l'ouvrage, sans nous soucier de tel ou tel pédant plus ou moins éculé qui attendrait en vain que des « Que sais-je ? » chutent. Le malheureux soupçonne-t-il seulement que la magie du Contrepet transforme un boycott en un beau coït ? Insensible à sa glose et ignorant son camp, nous cherchons, quant à nous, à cogiter sans haine...

Ce texte recèle neuf contrepèteries.

INTRODUCTION

– *Comment traiter l'arborescence paronymique ?*
– *Le Contrepet !*
– *Et la dyslexie voisonnante ?*
– *Le Contrepet !*
– *Et l'obsession textuelle ?*
– *Le Contrepet !*
– *Et l'abus des élites ?*
– *Le Contrepet, vous dis-je !*

Salade imaginaire.

Le linguiste déjà lève un sourcil en lisant cet incongru pastiche. Quoi ? On ose mêler de savants vocables, qui font le charme de sa discipline, à un divertissement douteux de carabins attardés ! Imaginons que notre savant disséqueur de mots pilote la communication d'un quelconque ministère. Comment ne pas se sentir agressé, lorsque l'on pratique au quotidien l'élite des barons dont on révère l'élection ? L'affaire est grave, et le cas bien vilain : la référence à Molière implique Argan, monsieur Jourdain, Mascarille, Trissotin...

En huit petites lignes format « Que sais-je ? », cette brève balade autour des sources d'un iconoclaste contrepétulant résume la substantifique, rabelaisienne et libertaire moelle de cette monographie, dont l'auteur compte user pour ouvrir bien des portes.

Décodons dans l'espoir d'être bien noté.

Les *paronymes* sont des mots quasi homonymes. Ils prolifèrent dans notre belle langue. L'appel à la substitution peut être alors impérieux, voire irrésistible, engendrant de classiques confusions comme entre *expansion* et *extension, affleurer* et *effleurer, conjecture* et *conjoncture, acculé* et *éculé* (et pire, si affinités). Dans les cas graves, c'est l'accident verbal : le lapsus, source d'indicible terreur pour les tribuns et de substantiels revenus pour les analystes, les seconds traitant les premiers dès qu'ils se sentent éculés et mal entendus. Réservoir inépuisable de lapsus, les paronymes sont le terreau du Contrepet, art des lapsus volontaires. Il est fructueux de les grouper en réseaux : d'un mot donné, partent des branches portant des paronymes de ce mot, que l'on obtient en changeant une consonne, puis une autre et ainsi de suite ; partant du même mot, on fait pousser une deuxième branche en changeant une voyelle, puis une autre, etc. Or, glisser d'un paronyme à un autre fait naître très souvent une contrepèterie. L'exploration de ces *arborescences paronymiques* est d'une fécondité contrepétogène inouïe. Un exemple : glissons de *colin* à l'un de ses paronymes : *copain*. Ce glissement engendre la contrepèterie bien connue : « Salut les copains ! », *alias* : « Ça pue, les colins ! » Un glissement voisin, *copain-commun* donne naissance à celle-ci, que nous laissons au lecteur le soin de décrypter : « La fermière laisse picorer sa poule aux communs. » Cette branche « changement de consonne intérieure » de l'arbre paronymique porte des fruits bien savoureux, mais aussi d'exquis cryptogames lorsque, par exemple, on glisse de *copain* à *coprin*. Si l'arbre est un conifère planté sur un sol riche en champignons, on évoquera « La pinède des coprins. » La branche « changement de voyelle » : cola, collant, collé, collet, colis, colin, colon (côlon), colo, etc. n'est pas moins fertile : « Attention, vous faites couler votre vin sur votre colis ! », ou encore : « Docteur, ce colin ne sent pas le thon ! » Sur une autre branche, la filiation *copain-copine,* fournit : « Les étudiantes dégustent les pains de leurs copines. » Serait-ce des hellénistes, étudiant les filiations dans l'Hellade ? Il y a d'autres branches et de ces branches partent des rameaux (colin, câlin - câlin, malin, salin - salin, sali, salant, salon - salon, savon, saxon - colin, colère, collage, Collioures, Collonges, colloque, Colette, colique, collyre, colline - colline, Corinne, copine, coquine, etc.). Ainsi, du glissement *copine-coquine* naît « L'équipe des copines », et de *câlin-malin :* « Ce gros malin est bien cambré ! » Cet ouvrage livre bien d'autres exemples, maintes fois testés auprès d'échantillons de Gaulois représentatifs. Le résultat n'est pas triste. La vertu première du Contrepet, c'est de réjouir les grands et les petits.

Parfaitement, les petits aussi, car on peut pratiquer l'exercice en gommant les mots qui fâchent les parents lorsque leurs chérubins les « ramènent de l'école ». Certes, l'aspect carabin en est gommé d'autant, mais l'utilité sociale du Contrepet ne se limite pas au développement des zygomatiques. Faire voltiger les phonèmes entretient la bonne humeur mais aussi les neurones. Désosser les vocables met à nu leur structure et leurs sonorités. Le Contrepet, par essence, scrute à la loupe des mots qui se ressemblent. Il « zoome » sur leurs petites différences. Un écolier qui contrepète sera mieux armé contre la confusion verbale. Affinant la perception auditive des mots, et leur élocution, le Contrepet combat la dyslexie. Le zézaiement s'atténue rien qu'en pratiquant la permutation entre les sons *j* (comme dans *bijou*) et *z* (comme dans *bisou*). L'enfant s'entraîne ainsi à ne pas confondre ces mots, de même que l'auteur de ses jours n'a pas confondu *beige* et *b...* Le Contrepet l'aide ainsi à distinguer des mots à consonne « non voisée » de leurs quasi-sosies à consonne « voisée »[1], comme *basse* et *base, rateau* et *radeau, pain* et *bain, peur* et *beurre,* etc. L'enfant apprend ainsi la prudence et la diététique : ayant pris son pain sans beurre, notre chère tête blonde saura qu'il peut prendre son bain sans peur [4]. Voilà pour la *dyslexie voisonnante.*

Cerise sur le gâteau, dans cette démarche, le parent retrouve *in petto* Rabelais en découvrant que le voisement transforme aussi *clan* en *gland,* et inversement, *grotte* en *c...* Sa fibre contrepétogène ainsi activée, il imagine sans peine que « Les cases précèdent les grottes », ou bien que « Il y a trop de clans dans nos groupes ! ». Il aura un autre regard sur son supermarché où *l'on pèse et on emballe,* sur une maison de retraite où *l'on baisse et on s'use,* et sur sa dermatologue, qui pose *son drain sur les vergetures.* Mais elle ne s'endette pas sur le tard...

Ce bon père dérivant presque inconsciemment de la phonétique au Contrepet n'est-il pas, comme Ulysse, bercé par le chant des sirènes ? Les sons des mots le captent, le captivent. Le voici qui vagabonde dans les catacombes du vocabulaire, dans un état second, dans un rêve éveillé. Ce somnambule de l'antistrophe, qui trouve un contrepet pour chaque instant de l'existence, est-il un obsédé ? S'il l'est, c'est un obsédé d'une espèce inoffensive, un *obsédé textuel* (Roland Bacri). Les mots lui chantent dans la tête. Cette chanson le hante, l'obsède, le fascine. Mais loin d'être englué dans cette captivante captivité, l'esprit se libère de

---

1. **On voise quand on prononce** *k* (ou *ck,* ou *qu*) comme *g, t* comme *d, p* comme *b, s* comme *z,* ou encore *f* comme *v.* Voir aussi au chapitre III.

l'écheveau des contraintes du quotidien car il les transcende en une jubilatoire transmutation verbale. Chaque contrepèterie est une véritable mue qui, comme l'écrivit Yvan Audouard, entraîne irrésistiblement qui l'énonce et qui l'ouït (sagement) vers une explosion d'allégresse [5].

Avec le concours involontaire des plus illustres spécialistes, cet ouvrage tente d'observer ces mues de façon avisée, sous les éclairages du lapsus, du rire, de l'exploration de l'inconscient. De la catharsis aussi puisque, n'importe quelle mate bestiole le sait, la mue libère et permet de ressourcer bien des frêles mouches et des insectes fins. Ces histoires de mues auraient-elles réjoui Lacan ? Lacan s'en serait-il amusé ?

La voilà, la transition, *via* l'entomologie, vers la *contrepèterie à thème*. Une cascade d'exemples empruntés à chaque circonstance de la vie témoignera que rien n'échappe au Contrepet. C'est à dessein que nous avons usé du terme *transmutation*. Les mots échangent leurs sons comme les atomes troquent leurs électrons. D'ailleurs, certaines réactions chimiques sont de vraies contrepèteries. Nous en donnerons un exemple en abordant le Contrepet et la Science, au chapitre V. Mais des contrepèteries, il y en aura aussi des littéraires, des musicales, des ecclésiastiques, des théâtrales, des militaires. Des pour les transports, des pour bien manger, des pour se soigner, des journalistiques, des politiques...

Ah ! Le Contrepet politique ! Avec nos Excellences, nous disposons sans cesse et sans fin de véritables mines de perles, à commencer par Pétain qu'il était si bon de chansonner sous le manteau pour se défouler. Toujours cette bonne vieille catharsis ! Allez, on la ressort une énième fois, l'illustrissime sur le vieux Maréchal, celle qui a réjoui et soulagé tant d'infortunés sous l'Occupation : « Métropolitain » devient « Pétain mollit trop ! » Mais Pétain peut aussi échanger son *é* contre un *u*, à la grande frayeur de la pure jeune fille redoutant qu'un enfant de Pétain ne l'abuse. Il peut troquer son *ain* contre un *asse,* incitant un jeune résistant à donner un coup de masse à l'antique Pétain. Un *T* peut se substituer au *P,* et le vieux militaire devient un charmant attribut féminin, que ne méritait pas le collabo fou de Pétain et de tennis. Dans le même registre, *nis* peut remplacer *tain,* pour la joie d'une Mireille rêvant d'un *Pétain ayant l'odeur de Nice...* Bien que ramolli, Pétain se révèle ainsi d'une grande fécondité. Plus près de nous, des patronymes célèbres excitent la verve bien agencée d'impénitents et subversifs décaleurs de sons. Sarkozy, par exemple, encore une mine de perles. Juste un exemple pour mettre en appétit : pour ses vacances, Juppé rêve de *Sark et Nicosie.* Juppé lui-même devient jupon, juré, Judée, jubé, japper, dupé, etc. Bien des élus soucieux de leur cote enchantent nos pages même quand ils sont dans la minorité. Car les contrepéteurs patentés ne se privent guère de relever leurs travers, leurs foucades, leurs entorses à la morale. Ils contribuent ainsi à l'éducation civique en montrant aux jeunes générations ce qu'il ne faut pas faire. Bref, ils se montrent utiles à la société en fustigeant l'*abus des élites.*

Voilà esquissées à grands traits émaillés de contrepets mutins (parmi ces mutins, il faut que nul ne s'en perde), les différentes parties de cet ouvrage. Elles seront précédées d'une brève histoire du Contrepet, et d'une grammaire contrepétulante où l'on passe en revue les différentes factures contrapétiques. On y explique comment détecter une contrepèterie lovée dans un texte anodin et à la décrypter à coup sûr. On indique enfin comment forger ses propres contrepèteries et comment les enchaîner, comme le *Canard* sait si bien le faire dans son célèbre *Album de la Comtesse,* véritable « billet d'humour », qu'introduisit en 1951 Yvan Audouard dans le célèbre hebdomadaire satirique (l'auteur ne touche rien d'aucune pub).

Présente dans maint coin(coin) de ce livre (elle est même capable de reconnaître les meilleurs pages à l'usine en voyant celles qui se cornent pendant la fabrication), la Comtesse de l'Album est la muse du contrepet libertaire. Jamais soumise à la botte des élites du pouvoir, ne se commettant pas davantage avec les Russes anars privés de luxe mais avides de bitures, cette muse jamais ne saoule. Elle distille semaine après semaine le suc contrapétique dont se délectent les lecteurs du malicieux volatile que la muse habite. Il se trouve que la Comtesse n'a rien à refuser à l'auteur de ce livre. Or, les lecteurs de la prestigieuse collection « Que sais-je ? » ne sont pas absolument les mêmes que ceux du *Canard.* L'ultime chapitre de cet opuscule leur donne l'occasion de jeter sur l'actualité un œil différent de leur regard habituel. De récents morceaux choisis de *L'Album de la Comtesse* leur ouvrent les coulisses des palais de la République et dévoilent l'envers de leur décor. La « connaissance » de Félix Faure qui avait passé l'arme à gauche dans sa chambre à coucher élyséenne et dans l'exercice de ses fonctions, avait quitté le palais présidentiel par l'escalier de service. La Comtesse nous y fait pénétrer par le même chemin. Amis lecteurs et contribuables, vous en saurez un peu plus sur les Chirac, leurs cuisines, leurs transports, leurs dépenses, leurs vacances. Voici, une mise en bouche, parue le 14 juillet 2004 dans *Le Canard Enchaîné* lorsque le volatile leva le lièvre (au *Canard,* on aime les lièvres, au fond) de billets d'avion non payés à une compagnie pourtant dans le rouge : « Bernie cache aux juges l'avion de Jacques qui essuie leur feu. Lui nie qu'il enrôle des pilotes qu'ensuite il accuse : "Parler de GLAM me fait mal aux dents !" »

Cette introduction propose 54 contrepèteries, connues ou inédites, les unes signalées, d'autres cachées dans le texte. Bon décryptage ! La contrepèterie stimule les neurones, et ce n'est pas forcément paisible... (Et hop ! Une 55ᵉ !).

Chapitre I

PETITE HISTOIRE DU CONTREPET

Prologue rabelaisien :
« Et l'Équivoque fut... »

C'est en 1532 que jaillit du chapitre XVI de *Pantagruel* [6] : « Des meurs & conditions de Panurge » la charte fondatrice de l'art de décaler les sons : « En l'aultre deux ou troys mirouers ardens, dont il faisoit enrager aulcunesfois les hommes et les femmes, & leur faisoit perdre contenance à l'esglise, car il disoit qu'il n'y avoit qu'un antistrophe entre femme folle à la messe, & femme molle à la fesse. »

Et Panurge persévère diaboliquement au chapitre XXI : « Comment Panurge fut amoureux d'une haulte dame de Paris » :

— Madame saichez que ie suis tant amoureux de vous, que ie n'en peuz ny pisser ny fianter, ie ne sçay comment l'entendez. Si m'en advenoit quelque mal, qu'en seroit il ?

— Allez allez, dist elle, ie ne m'en soucie pas : laissez moy icy prier Dieu.

— Mais (dist il) equivoquez sur A beau mont le vicomte.

— Ie ne sçauroys, dist elle.

— C'est (dist il) à beau con le vit monte.

Une « antistrophe » arrosée d'eau bénite, une « équivoque » née d'un marivaudage à l'abri d'une

15

nef... Il n'en faut pas plus au futur curé de Meudon pour tenir sur les fonts baptismaux ce qui s'appellera quarante ans plus tard d'un mot qui fuse, explose et fait pouffer : *contrepèterie*. Près d'un demi-millénaire s'est écoulé sans que jamais le mot de Tabourot ne s'avilisse (voir plus loin), et les deux saillies du bon Panurge ont acquis l'immortalité. Elles comptent parmi les plus parfaites contrepèteries de tous les temps.

Rabelais (1494-1553) fut-il un amusant abbé ? On l'imagine volontiers, rien qu'en ouïssant par le jeu de sons contractés la devise de Thélème, « Fais ce que voudras ! » : « *Fesses* que voudras ! » Attiré par tant de guerres paillardes, le contrepet virtuel rôde à chaque coin de page, prêt à jaillir, hérissé, au passage d'un mot apte à déchaîner les débordements du décaleur de sons. Comment résister, au sein de tant de forteresses, à tous ces gros bouffons qui s'ébranlent et se battent ? Le bon et charitable docteur Rabelais ne fut peut-être pas un amusant abbé, mais il fut à coup sûr un saint bien truculent.

L'An I de la contrepèterie

En 1572, paraît un fascicule plaisamment titré : *Bigarrures et touches du Seigneur des Accords*. Son auteur, Estienne Tabourot (1547-1590), y traite des jeux de mots. Grande première : l'un des chapitres est entièrement dévolu au répertoire des antistrophes de l'époque. Jusqu'alors de tradition essentiellement orale, hormis les deux bijoux de Rabelais, l'équivoque devient genre littéraire. Autre grande première : Tabourot dépoussière l'étiquette, envoie aux oubliettes les équivoques antistrophes et impose le mot délicieusement évocateur d'explosions de rire : « Contrepèterie », emprunté au vocabulaire des « Joyeux compagnons ».

Sans doute, iceux se délassaient-ils en pouffant, ayant découvert les niches de leurs compagnons...

Ces contrepèteries sont délectables. Elles franchiront les siècles, d'autant que Tabourot s'en tient aux contrepèteries les plus simples, les plus transparentes, les plus détonantes, celles qui permutent les consonnes initiales des mots. Voici quelques échantillons, au début convenables, mais bientôt teintés de la gaillardise de bon aloi qui fait le charme du genre.

Il tiendra une vache – Il viendra une tache
Une fable qui trotte – Une table qui frotte
Voyez la bonne Noire – Voyez la nonne boire
Pressé par la danse – Dressé par la panse
Feinte en ses pleurs – Peinte en ses fleurs
Tendez votre verre – Vendez votre terre

Puis l'auteur nous invite : « *G*oustez la *f*arce[1] » et enchaîne avec :

Un *s*ot *p*âle – *M*on *c*œur – Les *f*agots *c*oûtent
Un *h*ieur de *ch*ardons – Les *b*ons *c*ordeliers
Les jeunes filles *d*outaient de leur *f*oy
Les voyageurs *c*rians du *f*ond
Un *s*inistre *m*asle – Une belle *q*uille *fr*ottée
Quand je *p*rise les *b*runes, la *n*oire me *f*uyt
Prêtez-moi votre *v*an *gr*is
Une *p*ierre *f*ine

Maints auteurs reprendront ces chefs-d'œuvre, rendant au passage à Tabourot un hommage bien mérité.

---

1. La solution se déguste une fois échangées les lettres grasses. Pour plus d'indications, voir *La* **S***olution des* **p***ièges,* à la fin de l'ouvrage.

Mais ce ne sera que quatre siècles plus tard. Pourquoi une aussi longue traversée du désert après un départ aussi prometteur ?

La Renaissance, propice à tant d'éclosions, a indéniablement favorisé celle de la contrepèterie. L'omnipotence moyenâgeuse des armes et de la religion, est battue en brèche par la circulation des idées, et les rites bougent. C'est la fin d'une certaine forme d'étiolement de la pensée. « Il faut des idées si l'on baisse ! », aurait-on pu ouïr sans gêne. Rebelais survient alors fort à propos. Mais n'oublions pas que ce pourfendeur de « sorbonnicoles », cet auteur iconoclaste n'aurait pas vécu bien longtemps sans la protection de l'habit rouge du cardinal du Bellay. Voici, glané sur le Web, un intéressant éclairage signé Rémi Morel [7] :

« [...] Les traditions [...] reproduisent des coutumes et des comportements parfois socialement rétrogrades. L'Université est un lieu de conformisme intellectuel. [...] Le jeune homme lettré mourra à la guerre, en duel ou sur un bûcher s'il a la langue un peu leste et les idées trop avancées. En 1527 [...] Machiavel [...] hante les cimetières de Florence [...] Que cherche-t-il ? L'inspiration littéraire ? Le salut de son âme par des mortifications ? Non : de jeunes veuves à séduire. C'est cela la Renaissance : l'esprit et la chair. Une culture populaire dont attestent les chansons grivoises *(et les contrepèteries, ndlr),* coexistant avec une pensée religieuse austère. »

Car hélas la Religion veille. Le feu de poutre de Rabelais et Tabourot n'aura été qu'un feu de paille, à peine un peu nourri. L'austérité, les convenances, la pruderie vont jeter pour longtemps un pudique manteau sur les ver*b*es en *j*oie. Et c'est sous le manteau,

18

pendant trois cents trente-sept années de traversée du désert, que circuleront au milieu des rangs populaires les mots jamais passifs de générations d'impénitents contrepéteurs.

Désert et pépites

Des ligueurs dans le vent et des puritains aux tristes offices ont tant bridé de Beaux-Arts que, de 1572 à 1909, aucun morceau de traité ni fraction de recueil de contrepèteries ne voit le jour. Le Contrepet est-il anéanti ? Que nenni ! Il n'est qu'assoupi dans les vers des poètes et même dans des Bibles à caté. En témoignent maintes pépites qu'ont glanées trois vigilants et talentueux orpailleurs des mots : Luc Étienne, Jacques Antel et Claude Gagnière (voir plus loin). Échantillon :
La Bible (Exode, Deutéronome, puis Apocalypse)

*La **T**erre **P**romise... le **p**assage de la **M**er Rouge*
*Tu ne rec**u**leras pas les **b**ornes de ton prochain*
*Je vis monter [...] une **b**ête qui avait **d**ix cornes*

Boileau, agoraphobe : « En quelqu'endroit que j'aille, il faut *f*endre la *pr*esse. »
Lamartine, inattendu chasseur d'images : « Et que j'y voie surgir ses *f*eux sur les *c*oteaux. »
Musset (à George Sand) : « Mais quand les *v*ents *s*ifflaient sur ta muse aux yeux pâles » (Muse qui rarement le refoula...)
Hugo : « Une clochette au *c*ou des *b*œufs » (*Chansons des rues et des bois*).
Vigny, bien sûr : « J'aime le *s*on du *c*or, le *s*oir au fond des *b*ois... »
Francis Carco : « Ces *v*estons sentent la *Rou*sse. »
Jacques Prévert : « *M*artyre, c'est *p*ourrir un peu ! »

Et, surtout, Louise de Vilmorin : « On se veut/ On s'enlace/ On se lasse/ On s'en veut ».

La mort de la reine Victoria, en 1901, sonnera de belle façon sans autre envie le glas des censeurs si rarement émus.

La Renaissance du Contrepet

Huit ans plus tard, le Contrepet réapparaît définitivement au grand jour. Ce n'est pas dans une pépite, mais dans un véritable trésor, paru en 1909 aux Éditions Gélatopolis : *Le Trésor de équivoques, antistrophe et contrepéteries* (avec un *é*), joliment soustitré : *Mirifique parangon du beau et honnête langage.*

Son auteur signe Jacques Oncial. L'oncial est une écriture calligraphiée médiévale. Clin d'œil par-dessus les siècles aux illustres pionniers Rabelais et Tabourot ? Quoi qu'il en soit, ce *Trésor,* hélas aujourd'hui quasiment introuvable, n'usurpe pas son titre. Il renferme de véritables joyaux « polis par le limon des siècles », comme l'écrira quarante-huit ans plus tard Luc Étienne.

D'emblée, Oncial entre dans le vif du sujet :

« Est-il possible de dompter cette cavale fringante et indisciplinée qu'est la langue humaine ? Elle trotte, elle saute, elle caracole, elle franchit allègrement les obstacles, [...] mais elle butte aussi, parfois, un rien l'arrête dans sa fougue endiablée, elle se cabre et fait un écart ; la perfide *contrepéterie,* embusquée au tournant de la route, l'a frôlée au passage et l'ardent coursier fait panache en écrasant son cavalier. Un seul moyen s'offre à nous de conserver notre assiette *(et de bien viser avec notre bai, ndlr)* [...] c'est l'observation attentive, l'étude approfondie, et aussi la recherche in-

telligente de ces déviations possibles de la parole, auxquelles nos vieux auteurs, dans leur culte fervent de
l'étymologie latine *(on vénère, dans les Pays-Bas, le
culte des cours de Latin, ndlr),* donnaient ce nom har-
monieux et chantant de *contrepèteries...* »

Suivent d'immortels chefs-d'œuvre, constamment
recités. Voici une liste presque exhaustive des exemples que donne Oncial.

Les *p*opulations laborieuses du *C*ap
Porter une paire de *g*aloches à la *b*ru
Les *b*ons de *c*retonne
Un *écu* dans le *tronc*
Les *m*ines de *p*erles
Les paysans em*p*ilent d'antiques *f*aux
La jeune fille suce le *p*is de la *v*ache
Le *ven*t *si*ffle *(Musset)* dans la r*u*e du qu*ai*
Des *mass*es de *pert*urbateurs
Les *p*ioches des *m*ineurs
La *b*erge du ra*v*in
La *Ch*ine se dresse devant les Ni*pp*ons
Le prêtre montrait sa *v*ierge derrière le p*/*anneau
L'aéronaute de*s*cendait dans le *b*allon
Les villageois s'en vont aux champs *en bande*
(bandant)
Les laboureurs caressent le *c*ou de leurs *b*œufs
Les mer*l*es sur la *d*unette
Des pêcheurs en *qu*ête de *th*on
Les concierges sont *v*ains
Un *f*eu de *p*outres
Des *f*emmes à l'allure *d*outeuse
Jeanne d'Arc avait une *c*otte de *m*aille
Défense au croupi*er* de po*n*ter
Les enfants s'amusent dans la *pi*èce du *f*ond

Des étr*i*e*rs* tombés sous les caiss*o*ns
Prendre les *ch*oses en *r*iant
Le laboureur en *p*erdait sa belle *m*ine
Sortir la *cl*é du *b*ac (l'a*cl*é du *b*aque)
Ils veulent v/oler nos v*i*erges !
Le mot de guichet (Le *m*ode*g*uiché)
Le travail d'un braque/ et d'une *mar*motte
*Brû*ler les *enquê*teurs
Le *p*ied dans la ch/asse la *n*oire reste près du *f*eu
On se *p*asse des *l*utins
Les ouvriers *ch*arpent*i*ers (sans la *phil*an*thr*opie)
               3 1 2   3 4 1 2
Parmi des *d*ames, j'en aperçois de *f*ort *b*elles
           3   1 2
Ce jeune homme *d*anse comme un *b*allot
               2 3   1

(Les lettres grasses se rangent dans l'ordre indiqué.)

Le bréviaire

À l'instar du carabin, qui ne quitte jamais son bréviaire gorgé de lestes chansons, ou de l'aumônier qui couve ses ouailles, le contrepétulant couve son propre bréviaire, riche de mille joyaux. C'est *La redoute des contrepèteries,* de Louis Perceau (1883-1942), publiée pour la première fois en 1934 par Georges Briffaut, et constamment rééditée. Le lecteur trouvera des détails sur la vie de ce génial compilateur, compositeur et classificateur de contrepèteries dans la *Bible du Contrepet* [8].

Voici quelques bijoux de la plus belle eau.

Les *n*ouilles *c*uisent au *j*us de *c*ane
Les femmes ne goûtent pas le *m*arc trop *d*oux

L'écuyère caresse le *m*outon de sa *b*otte
Quel extraordinaire *f*ouillis de *b*outre...
... emplit le *p*ort du *C*ap !
Ma cousine joue au *t*ennis en *p*ension
La *c*uvette est pleine de *b*ouillon
J'aime le *g*oût de ce petit *b*lanc
Elle m'a *m*enti la *s*otte
Le gros entrepreneur pétrit le *b*éton à la *t*onne
*T*aisez-vous en *b*as ! – Dé*test*ons nos *rid*icules
Le *l*inge *s*èche en m*ouill*ant les *c*or*d*es
Le *p*lan de ce *g*aillard un peu le*n*t m'*a*ccule
Ôte ta lam*p*e que je *gu*ette !

La redoute, écrin digne d'eux, propose à la postérité
ces purs diamants restés intacts après tant de siècles de
conformisme bigot. Oncial, puis Perceau témoignent
indépendamment de la force des traditions orales :
codé par essence et convivial par nature, le Contrepet
s'est joué de la vigilante pruderie des corps constitués.
Il a propagé la bonne parole contrepétulante et impré-
gné des générations de bons vivants trop longtemps
étouffés sous la chasteté obligée d'une chape tuante.
En témoigne aussi un recueil paru en 1926, huit ans
avant *La redoute,* et tombé dans l'oubli : *Histoires de
commis-voyageurs et de tables d'Hôtes,* d'un certain
Jean de Beauvais qui n'avait donc pas lu Perceau.
A-t-il connu le livre d'Oncial ? Toujours est-il que ses
pages 206 à 210 offrent un florilège de contrepèteries
fameuses, dont on trouve certaines chez Oncial et que
les familiers de *La redoute* reconnaîtront, ravis d'avoir
de tels dieux. Citons :

Les jeunes filles *gl*issent dans la *p*iscine
Notre curé est devenu *f*ou entre deux *m*esses
Le quincaillier em*p*ilait son vieux *f*er

23

Les *f*ouilles *c*urieuses
Ce jeune homme suce le *j*onc de sa *c*anne
(Aimablement transmis par Jacques Antel.)

Devant tant de pierres fines, l' « historien » du Contrepet est comblé mais perplexe. Qui les a ciselées ? Qui a offert pour la première fois un sa*ph*ir à sa *t*ante ? Qui a fait sentir le premier le *b*out de ses *g*aloches ? Qui a découvert les *d*ouilles *c*oûteuses et le *p*us de *g*énisse engendrant le bébé qui se *m*ouillait dans ses *c*ouches avant de devenir un jeune homme à la *m*ine *p*iteuse ? Si Oncial et Perceau, qui pourtant citent Tabourot et Rabelais montrant ainsi qu'ils déballent volontiers leurs sources (Perceau ne cite pas non plus Oncial), ne le précisent pas, c'est qu'ils ne le savent peut-être pas. Ce serait donc tout simplement par le « bouche à oreille » que ces compilateurs passionnés auraient eu vent de ces merveilles dont la tradition orale n'a pas retenu le nom des géniteurs. Dommage, car ces anonymes sont aussi géniaux que les auteurs des comptines de notre enfance. Observons à ce sujet que les paroles de la Mère Michèle, du bon roi Dagobert, du furet qui court (contrepèterie...) ou de Cadet Roussel (devenu Père Dupanloup dans une version carabinée sur le même air) diffèrent quelque peu selon les recueils. Ces petites différences révèlent souvent divers canaux de transmission orale. Or, pour ne citer qu'un exemple, les illustres *f*ouilles *c*urieuses, dont parle aussi Oncial, sont associées par Jean de Beauvais à une « madame X », alors que Perceau les attribue à une certaine madame Dieulafoye, sans préciser si elle déroutait des bigotes. Chaque compilateur a accolé ses fouilles selon ses préférences. Il avait licence de le faire car les sources de son bonheur, fixées dans les régions, n'étaient pas figées dans le marbre de l'écrit mais venait du fond des âges contrepétulants.

Ils ont bravé sans tiquer et se jouent encore du temps qui sévit, le petit vieux qui *v*end de la *s*erge à l'hôtel du *B*on *C*oucher et la femme du capitaine qui l'a fait *m*ander à *b*ord. Ils savent depuis toujours qu'il faut être peu pour bien dîner...

La « bible »

Avec le trésor d'Oncial et le bréviaire de Perceau, le Contrepet a acquis ses lettres de noblesse. Les joyaux du patrimoine sont archivés, et de quelle belle manière. Mais la consécration suprême va venir d'un livre, petit par la taille, grand par son contenu et le génie de son auteur, Luc Étienne (1908-1984). C'est *L'art du Contrepet,* paru chez Pauvert en 1957, puis au Livre de Poche. Prodigieux bouquin, à la fois traité, livre d'histoire, de littérature, de psycholinguistique, recueil de contrepèteries du patrimoine, et pour la première fois collection de contrepèteries inédites d'un seul compositeur. Il y en a plusieurs centaines. Et quelles contrepèteries, à commencer par la première de ce florilège, peut-être la plus géniale de tous les temps, en tous cas la plus utilisée, innocemment ou non !

Je vous laisse le *ch*oix dans la *d*ate
Voulez-vous que je vous en*voi*e dans la *cul*ture
La magistrature assise *m*ent de*b*out
Oh, des *b*ulles sortent de votre *v*alve !
Le jus de sa*p*in apaise mon an*gine*
Votre *com*père a l'air d'un *saint*
Je vous emboîterai le *pas* avec *con*science
Il a fallu un *trou*pier pour forcer le *pon*t

Nos élèves apprennent à *cal*culer en ***cent*** leçons
Que de ***pein**e* me fait votre ***ma**li*ce !
Les ***Ru**s*ses sont en ***fê**te*
Les danseurs de Harlem ont des c*orps* ars*ouill*es
Voulez-vous ***com**p*ter ce ***ta**s* ?
Les écoliers chahutent la maîtresse *l*aissant *f*aire
Il sent ce qui le brûle (Il s*a*n*c*e qui le br*û*le)
Je *g*émis sans pouvoir *l*utter

Fabuleux contrepéteur, fin pédagogue, follement épris de belles lettres bienvenues, Comtesse du *Canard Enchaîné* pendant plus d'un quart de siècle, de 1957 à 1984 (voir le dernier chapitre), Luc Étienne, virtuose de tous les jeux de langage, musicien, oulipien, pataphysicien, est le père spirituel de générations de contrepétophiles. Il est à jamais le Pape du Contrepet.

Émules du pape

Vont alors se multiplier les vocations d'auteurs nourris aux mamelles contrepétulantes de la Comtesse. Les rayons des bibliothèques vont se garnir de volumes délectables. Déballons et citons.

Sagesse n'est pas folie (Pierre Horay, 1973) par Ahmédée, illustrateur, et Lharidelle, contrepéteur, tous deux issus de l'école des Beaux-Arts et prêts à tous les débats.
Voici une sélection qui ne manque pas d'air :

C'est l'habit *s*cout (la bi*s*coute) qui m'*é*reinte !
Le soliste fait le ***bis*** avec son pu***pitre***
Ciel ! l'a***bb**esse *f*lanche ! (la *b*esse *f*lanche)
J'ai du caviar au *c*ours du ***th**on* (au*c*our du *t*on) !
La jeune archéologue étudie les *r*ites des *b*ains

26

Le tout de mon cru (Pauvert, 1975, réédité chez La Musardine, 2002)

C'est un recueil de 500 contrepèteries inédites, toutes plus belles les unes que les autres, que Jacques Antel titre d'un magnifique contrepet qui vient du fond des âges. Luc Étienne y signe une savoureuse « introduction ». Voici un florilège.

Le président a montré l'acc*u*e*i*l qu'il a v*ou*lu
L'évêque n'arrive pas à enc*aiss*er la b*ull*e
L'adjudant est *r*ond sans *k*épi
L'amiral veut *m*ater la *fl*otte
Ce cons*u*l, monsieur, c'est un c*a*s !
La fermière a peur de ces *deu*x hi*bou*x
Y m'a pas p*a*yé (pap*a*illé) la r*ou*e !
Le boulanger *p*étrit les *fl*ûtes

800, puis 500 contrepèteries inédites

Ces deux recueils paraissent chez Jacques Granger en 1975 et 1978. L'auteur, Jean Pouzet, était dessinateur de presse. Il illustra lui-même ses trouvailles dont voici quelques exemples :

Le *v*icaire demande des *c*ierges
Le *p*otier *b*ine
La pâtissière *m*oule des *qu*iches
Les marins apprécient les *p*arts de *b*utin
Je ne voudrais pas *c*asser votre *l*umignon

Manuel de contrepet, l'art de décaler les sons

Premier ouvrage de Joël Martin, paru en 1986 chez Albin Michel. Préfacé par Yvan Audouard et illustré par Cabu, il offre 2 000 contrepèteries inédites groupées par thèmes. Petit extrait :

Votre *g*îte, quel *b*oyau !
Horreur ! Une *m*ite dans les *b*elons !

*C*ourez, mon *b*on !
Ce vieux *t*ennis est usé jusqu'aux *p*ierres
Ce *m*alus me laisse un goût de *f*iel
La prévenue taille des *ju*pes au *Pi*rée
La *d*èche donne plein d'humi*l*ité
Ce *g*eai, quel *p*olisson (ce *j*et, quel *p*oli son) !
Ce technicien en a *c*oupé, des *s*ons
*B*écaud, puis-je vous présenter Ma*g*ritte
Virginie est *m*inée : *P*aul ment (*p*ollement)

Ce manuel offre (*ann*exe en *s*us, énoncerait aussi Jacques Antel) une introduction pédagogique et, en index, une méthode « cristallographique » pour composer les contrepèteries, qui fait du Contrepet une super histoire de cube.

Sabine et ses potes (Nigel Gauvin, 1988)

Robert Meslé et Walter Olivotto offrent 1 000 contrepèteries, presque toutes inédites, groupées par thèmes. Tour à tour, chaque auteur contrepète sur Sabine peut-être friande de pèze, et traite d'autres thèmes. Exemples :

Le mécanicien évalue le *p*alan de Sa*b*ine
*Gi*nette n'apprécie pas cette *p*anne
Attention, ton *p*lan colle au *g*alet
La pieuse fermière tord les *p*is en *v*rillant
Le navigateur *vi*sse son *mâ*t

Le contrepet quotidien (Ramsay, 1990)

Jacques Antel livre le produit de sa pêche retirée d'un flot nourri de vers peu lus, d'homélies hérétiques, de discours courts et longs, de touches de pubs. Ces « contrepets du hasard », aussi savoureux que les vrais, se glissent dans toute conversation.

Bou*ch*ées à la *r*eine (*r*aîne)
Fou*d*re sur les *t*oits
B**or*ds a*ffaiss*és (b**horr*es a*fess*ées)
A la *t*ête de l'A*f*rique
La sainte Ampoule (la ***ceint**e* em***poul**e*)
Les hommes, ça se *t*raite à la b/*aguette
Bain mousse (b*int* m*ou*ce)

Le Contrepêtisier (Hors Collection, 1993)

Sur une idée de Claude Gagnière, Joël Martin récidive avec des contrepets sur les patronymes de célébrités du moment. Illustration de Guiraud du *Canard Enchaîné*. Échantillon :

Quel *d*andy, ce gros *B*arre
Débat entre un *B*redin et un *G*allo
Cette grande *C*allas, quel *s*on !
Giscard a rarement *t*ancé Ju*pp*é (*t*ensé ju*p*er)
Le Pe*cq,* quel *n*om !

*Sur l'Album de la contes**T**e* (Albin Michel, 1997, dessin de couverture de Escaro)

C'est le premier recueil de fausses-vraies lettres administratives farcies au Contrepet à haute densité qu'a concocté Joël Martin à partir de sa production hebdomadaire sur « L'Album » du *Canard,* de 1988 à 1996 (voir le dernier chapitre). Parmi quelques 10 000 contrepèteries, il en a choisi 1 500, auxquelles il a joint environ 1 700 nouvelles, et il a malaxé le tout pour en faire soixante-huit « b*ath*s m*i*ssives et *pl*is bien en*v*oyés ». Voici le début de la lettre d'un auteur à son éditeur :

« Cher Ami,

« Après *L'écu**m**e des mo/ts, La B**i**ble du rou**t**ard, La Longue T**r**aque du **p**isteur, Les **C**ont**e**s des **train**s,* qui furent autant de *v*entes *f*astes, vous avez bien accueilli *Les Matins de Lacan*. J'y détaille comment tri*m*ait La*c*an face aux pé*d*a*n*ts charm*é*s et s'*ex*pliquait sur le "*Ç*a" de son égérie, ard*u*e dès qu'elle parlait de **K**a*n*t. Vous m'avez proposé la collection des "**R**iches **M**ondes", où vos collaborateurs, h*um*anistes couverts d'h*onn*eurs, sont connus pour mettre du *cœ*ur à leurs **B**eckett.

« Ah ! ces **M**atins sur lesquels nous *c*omptions !

« Vous me dites pourtant que nous tirerons peu de *s*ous, que c'est La*c*an. Que les *c*oûts vous donnent trop de *tr*acas. Que les *v*entes vont sou*ff*rir... »

Toute ressemblance avec, etc.

Le dico de la Contrepèterie (Seuil, 1997, dessin de couverture de Desclozaux)

Dans la foulée, le même auteur a construit le premier dictionnaire des mots contrepétogènes, comme *acculer, berge, concierge, fouille, génisse, roussette, scorpion, tennis, vergeture,* ou encore *Béziers, Chine, Forbach, Montcuq, Puteaux, Soustons,* etc. Comportant plus de six cents entrées, ce dico offre en prime des « pages roses » pleines de jeux et agrémentées de 800 contrepèteries thématiques inédites. En tout, 7 000 contrepèteries, dont 5 500 nouvelles. Exemple d'entrée :

Astuce : 1 / Boutade. Luc Étienne appelait Coluche « l'a*n*ar de l'a*s*tuce ». Il est vrai qu'il dévoilait son a*s*tuce sans trop de gê*n*e. 2 / Procédé rusé ou malicieux. Ainsi en est-il de jeunes mariés r*us*és à la *n*oce qui s'a*gu*ichent avec des *f*arces. Le cuisinier qui *p*èse en vue de se faire ses *b*oulettes montre son a*s*tuce en chauffant d'abord l'aubergi*n*e. Le menuisier qui *sc*ie en *ch*antant dévoile l'a*s*tuce de l'égoï*n*e et l'apprenti en *n*age doit aussi montrer son a*s*tuce.

Avec Coluche, on découvre la piste de l'anar...

Titres fourrés (Éditions périphériscopiques, 1999)

Jacques Antel, qui ne biffe pas les sous-titres, jette ses coups d'œil sur la presse dès qu'il sent que s'y faufile un contrepèteur involontaire (ou non). Cette chasse n'est pas piteuse et donne à goûter « 500 contrepèteries compilées dans la Presse des années 1990 ». Comme le reconnaît lui-même Jacques Antel, il a *bou*quiné bien des *ta*s de grands et petits *jou*rnaux en se grattant la *peau*.

Fusent dans ces pages, qui réjouiront même les personnes mineures, *b*ons *c*ôtés et *l*uttes *p*assées, *c*oups de *f*eu et *f*emm*es* bl*ess*ées, « servi*c*e vi*ll*e » et bou*l*es de *c*u*rage,* m*i*lle *b*ottes et *c*oups au *b*ut, l'A*f*rique en *t*ête et la *r*égion affaiblie par les *él*ections. Flairant un trafic international de contrepèteries, Jacques Antel ne déduit pas tant qu'il n'est pas sûr et conclut : « Il ne faut pas a*b*user des *c*andeurs ».

La contrepèterie pour tous (Plon, 2002)

Première auteure contrepétulante, Armelle Finard parle aussi bien de biches que de mythologie. Exemples animaliers :

> Le vieux *l*apin enfilait des *r*obes
> Heureusement, l'â*n*esse est loin de la *f*arine
> Mon ân*on* est bien r*usse*
> Ces bar*d*ots sont emmê*l*és
> Petite, cette b*ê*te, mais très *i*nnervée !

Chose curieuse chez une représentante du sexe réputé plutôt pudique, Armelle Finard livre les solutions en clair. Les amateurs de phrases lestes seront comblés, les contrepéteurs les plus traditionalistes y trouveront peut-être matière à redire en se bouchant le nez...

*La **Bible** du **Contrepet*** (Robert Laffont, coll. « Bouquins », 2003), de Joël Martin.

La nouvelle Bible du Contrepet aurait historiquement mieux convenu. L'hommage à Luc Étienne et à son *Art du Contrepet,* la première Bible des contrepéteurs, aurait été plus transparent. La filiation transparaît toutefois dans le sous-titre, où se mêlent un contrepet de Luc et l'un des nôtres : « Une bi*b*le qui compte pour dé*c*aler les *s*ons. »

Ce volume de 960 pages (en papier « bible ») est d'une certaine façon une suite à son *Art,* que Luc Étienne nous avait suggéré : « Je n'ai pas eu le temps de tout dire, vous continuerez... »

On ne continue pas l'inimitable. Nous avons néanmoins tenté d'avancer sur la route si magistralement tracée par notre bon maître, en profitant des vastes espaces qu'offre la collection fondée par Guy Schœller. À la fois livre d'histoire, traité technique, « bottin mondain » en contrepets, catalogue, instrument de travail, ce « bouquin » dresse l'état de l'Art contrepétulant à la croisée de deux millénaires. Nous convions nos lecteurs au festin pantagruélique de plus de 20 000 contrepèteries de toutes factures, thématiques, d'actualité, ou même convenables, dont les neufs dixièmes sont le tout de notre cru et au moins 16 000 sont nouvelles. Voici en guise d'échantillon très ciblé des contrepèteries jusqu'alors inédites qui respectent parfaitement l'orthographe, et sont donc aussi des anagrammes, ce qui n'est pas si courant :

Ces truands se *pl*aisent dans la *b*anque
La chirurgienne a, par erreur, *pl*âtré ce *ch*anteur
Comment tu m'as dé*n*oncée, mon ca*f*ard !
Je vais la faire cra*ch*er, cette Moni*qu*e !

Cet amateur de *pr*unes a un regard dé*l*avé
Le petit Toto avait un ca*ill*ou sur sa cou*ch*e
Ce dégoûtant n'arrête pas de *t*acher son p*ouf* !
Le cardinal a *la*ssé le pré*f*et
Ce repenti en a s*ign*é, des f*aut*es !
Chef, votre *tourt*e sent le *pin*eau !

Annuel de la Contrepèterie (Plon-Hérissey, 2004)

Armelle Finard renoue avec le jeu rabelaisien dans son second recueil « avec In*d*ex bien *s*ûr ». Elle rêve de rubrique annuelle mais pas d'index insolent.

Les amateurs de phrases crues sont servis par les traductions en clair, et les spécialistes retrouveront des contrepets bien connus : un *R*ex dé*c*idé, les *li*vres sur les bê*t*es, la *p*atte lâ*ch*ée, la *p*uce *n*ourrie (et pas un peu nourrie), *ch*ant et *gl*as, pê*ch*euse et *T*ibre, etc. Armelle Finard négligerait-elle de déballer les sources communes (les balises sont pourtant bien proches), ou goûte-t-elle les parodies ?

Qu'on se rassure, ces emprunts ne sont qu'une petite partie des 1 500 contrepèteries groupées par thème : animaux (« Que de p*eau* sous les poils de mamm*ou*th *!* »), proverbes (« Il n'est *f*eu qui ne c*oû*te. »), ou encore l'armée, avec un joli dessin illustrant : « Le chef de g*ue*rre se voile la *f*ace. »

Ce « Plon » mérite d'être bien coté.

Ceux que la muse habite (Mille et une Nuits, 2005)

Jacques Antel a débusqué quelques 600 *contrepets fortuits ou involontaires des poètes,* qu'il commente de fictions de son cru. Ce goûteux fascicule, qu'alimentent malgré eux Hugo, Rotrou, Marot, Baudelaire, Racine ou encore Musset, offre *saint*es am*poul*es et *l*ampes sa*cr*ées, bouff*on*s sans *cœur* et *goû*ts *ch*armants,

de*nt*s barb*are*s et *trai*ts *com*ptés, sans odes abhorrées
ni vers bien peu lus.

Exemple tiré de *L'illusion comique*, de Corneille :

Ah, que je me trouvais sous d'*étrang*es *épin*es !
Des épines lancées dans la pente effilée ?

Auteurs ayant bien mérité du Contrepet

Le Contrepet a inspiré maints auteurs qui, nouveaux Tabourot, lui ont consacré un chapitre entier
au sein de leurs ouvrages. Dans notre panthéon per-
sonnel, nous donnons la première place à Claude Gagnière, qui se présentait comme « orpailleur des
mots ». Sa peine lui rapporta quantité de pépites.
Nous lui devons entre autres trois superbes volumes
édités chez Robert Laffont :

Au bonheur des mots (1989) ;
Des mots et merveilles (1994) ;
Pour tout l'or des mots (1997, « Bouquins »).

Contrepèteur érudit et avisé, Claude Gagnière a
tout analysé, tout compris. Citons-le :

« Dans une société guindée, l'encanaillement contrôlé n'est pas le moindre des charmes de l'exercice [...]. La contrepèterie est drôle en ce qu'elle recèle
derrière le masque de la bienséance une phrase triviale
à l'état virtuel. Aussi longtemps que celle-ci reste inex-
primée, elle provoque une intense jubilation chez les
initiés. Traduite, elle n'est plus qu'une phrase gros-
sière parmi d'autres » (transmis à Armelle Finard).

Et d'exposer quelques bijoux de la littérature :

Boileau : « Un curé peut vendre trois *f*ois sa
*m*esse. »

Musset : « Autrefois ignoré mais *con*tent de son
*sor*t. »

Il n'oublie pas le film célèbre : *Sur les quais,* ni *Les Éditions de Minuit,* ni l'apostrophe restée fameuse d'un avocat, en 1992, lors du procès du sang contaminé :

Ces fils d'Hippocrate sont des faces d'hypocrites !

Claude Gagnière rend hommage au grand Pan qui ne glandouille pas avec les *Tripes à la mode de Caen,* mentionne les crêpes de *Ch*ine, reste potache en proférant : « Ni*que*douille ! » et s'époumone « à *b*out de *c*ourse »...

Claude Gagnière a reçu à titre posthume le Prix littéraire 2004 des bouquinistes, ces libraires au grand air qui, sans être spécialement mutins, regardent passer les péniches à la Seine...

Rrose Sélavy. Avec ses amis surréalistes, Robert Desnos (1900-1945) se livra aux procédés de l'écriture automatique. Ce serait en état d'hypnose que le poète, inspiré par Marcel Duchamp (1887-1968), aurait composé *Rrose Sélavy* (1922-1923).

Voici un éclairage lacanien : « Cette similitude entre langage inconscient et langage poétique pose la question de leurs rapports à travers l'image surréaliste, l'écriture automatique se situant au croisement du rêve et de la poésie. Mais Lyotard et Breton montrent que les opérations du rêve ne sont pas structurées comme un langage. Lacan présente, à partir de l'exemple surréaliste, une conception de la créativité articulée sur le mot d'esprit et la contrepèterie, et il y restera fidèle » [9].

Extraits de *Rrose Sélavy* :

Les fous sans loi, les loups sans foi
Maints s'enferrent dans la mer sans fin
Parfum des déesses paresse des défunts

La mouche colle sur la couche molle
Des bœufs blancs sur des bancs bleus
Des fous légers baisent les joues des fées
La magie des boules, la bougie des mâles
La particule des nobles et la partie noble des culs
La caresse des putains, la paresse des culs teints
Les verrues des saintes, les vertus des seins
Plus fait viol*eur* que doux *s*ens

Pascal Bouché

Ce médecin pataphysicien, fin contrepéteur qui attire les Satrapes, instille ses trouvailles dans les publications du Collège de Pataphysique (il soigne les *b*rouillons des *C*ahiers) :

La patronne a payé un *b*ock au meilleur *f*raiseur
Le Jésuite *c*ourt les con*f*idences
Il faut *v*érifier ces *sc*aroles
*Que*neau photographiait souvent les *doigt*s
Il faut être Bouché pour ainsi dilater les rates...

Marc Lagrange

Encore un toubib plus que sympathique : œnologue contrepéteur, il a publié en 1997, aux éditions Féret, un goûteux recueil, *Paroles de vin,* dont le chapitre V est voué aux contrepèteries attreillantes. Échantillon vinicole sans porto :

Les bu*v*ettes de Hans sentent le *R*hin
Attention aux *p*acks de *fl*ûtes !
Les p*o*tes ont manqué de b*u*lles
L'apprenti œnologue b/*o*sse tous les c*r*us
*V*ise ce r*a*t qui *c*ouine dans mon *f*ût !

Marc Lagrange chérit les vigneronnes qui font goûter leur vin aux voyageurs...

Boby Lapointe **(1922-1972)**

Guitariste « sommaire », mais génie du verbe musical, Boby Lapointe est moins célèbre comme compositeur d'antistrophes. Et pourtant...

Voici un large extrait d'un texte peu connu [10] qui dévoile l'étendue de son talent contrepétillant :

Grimace ratatinée en rimes à grasse matinée
T'en souvient-il, tordu, la grasse matinée
De désir une vieille garce t'animait
T'offrant son trou en disant : « gratte ça, minet »
Ton pied que tu enfouis jusqu'au tarse, gaminet
C'est pourquoi ces foutues pétasses graminées
De violet, étalant sa masse gratinée
Pour gicler d'un jus clair trois grammes satinés
Puis, « pof », s'affaler, fugace martinet
Qui fit dire au vieux tas « ma grâce t'a miné »
Ouais, elle est gratinée, ta grasse matinée.

En outre, quantités de textes du grand Boby regorgent de virtualités contrepétulantes.

Témoin cet extrait de l'*Aubade à Lydie en do* :

[...] c'est faux d'croire qu'les tant'acculent...

Ici, Boby suit la trace d'un menteur reluquant Lydie que sa famille tente et accule...

Dans *Bobo Léon* : *Il (s'était) fait mal dans la rue*
Gommons « s'était ». Qu'obtient-on ?

Il fait mal dans la rue

Ce chapitre renferme 258 contrepèteries rabelaisiennes signalées et en dissimule 80 clandestines.

Chapitre II

LE CONTREPET EN KIT
(et non : le Contrepet antique)

Nous touchons parfois de drôles de pubs qui nous apostrophent ainsi : « Votre kit est en bois ? » Contre-péteur averti, vous sentez illico de quoi il retourne et si, enfermé dans une file non loin d'un caissier fâché, vous êtes précédé d'un jeune dur venant de se payer des patins, vous pouffez et faites vibrer ses roulettes. Aux gens étonnés de votre soudaine hilarité, vous ex-pliquez de quoi il retourne, concluant : « Ces kits, c'est pour les bons ! » Vous ne bafouillerez pas en par-lant de kits, mêmes de kits pour bouchers ou de kits pour barmen. Mais vous hésiterez à parler de barème pour les kits. Vous pourrez même donner vos cours si vous avez une belle paye à une dame dont vous aurez pu constater que si elle n'a pas compris vos propos sur les kits c'est qu'elle était « beurrée ».

Ces choses, que désormais vos étudiants d'un jour sentiront en riant, une fois qu'ils auront pris votre kit et découvert sa bonne bouille, sont dans l'ordre :

– les mécanismes contrapétiques ;
– comment les décrypter ;
– comment en composer de nouvelles.

Voici donc cette sorte de kit de contrepet avec trois parties. Il ne s'agit donc pas de kits que l'on cache dans des bottillons ni des kits de bateaux à tremper dans un

38

bon canal. Remplissant des vélins à la page avec plein de termes (est-ce un sport ?), notre kit est à brocher.
Ce préambule recèle 21 contrepèteries.

Les mécanismes contrapétiques

Une contrepèterie aboutit à une nouvelle phrase après déplacement de certains de ses éléments, en général l'échange de deux phonèmes. On a coutume depuis *La redoute* de classer les contrepèteries d'après la nature des éléments permutés. Nous reprenons les grandes lignes de ce classement qui fait autorité. Pour plus de détails, on peut aussi consulter *La Bible du Contrepet* [8]. Voici des exemples inédits, sauf horreur ou émission :

Échange de consonnes

Le *T*anger des *d*ures luttes
Des *l*uttes sans *p*ardon
Une *t*hèse sur la bou*ff*e
Cette clocharde a du pa*p*ier collé à son croû*t*on

Échange de voyelles

Que font les P*U*F dans ces c*a*s-là ?
Il est amp*u*té et renonce aux p*a*tins
Maman caresse les b*a*joues de Pap*y*
L'antiquaire astique les p*ou*fs à l'huile de c*a*de

Échange de syllabes

Trop de *ni*ches nous *man*quent
Le chef de la *mi*lice a plein de *po*gnon
Sarkozy veut *pu*rifier les *tê*tes
La folle marinière astique sa *sou*te sans *mo*tif

Échange mixte : voyelles et « bouts de mots »

La braconnière se fait des restes avec ses faons
Les boulangers aisés expulsent leurs mitrons
Ce barbier a chaud
Les pédantes ne savent rien des fées

Échange de fractions de mots

Les parrains se butent
Cette chercheuse propose un bien beau Dante
Voici des pétitions en masse !
Cette Croisette sent le maquis

Contrepèteries internes aux mots

Police (six lopes)
Berlusconi (burlesque honni)
Zapatero (zéro tapa)
D'un lecteur : De Funès (deux fue nesses)

Double croisement de consonnes ou de voyelles

Les soudeurs des Dolomites
Qu'est-ce qu'ils endurent quand ils s'accolent !
Voyez, ce vieux zézaie rêvant des sacrifices
Ce Papa tire sur ses cailles en faisant coucou

Permutations circulaires

Ils ont les tripes nouées !
3 1 2
Chef, votre infâme purée Crécy tue !
3   1 2
Que fait ce pigeon sur votre tennis ?
3 1   2

Déplacements
L'élément déplacé se substitue au *slash* (/).
Déplacement de consonnes
Votre /outre se répand, shéri*f* !
Déplacement de voyelles
Les /œufs des *c*adeaux
Déplacement de syllabes
/Quête au *Qué*bec
Déplacement de « fractions de mots »
Cette vieille rad/e en a englouti, des god*ass*es

Contrepèteries « enchevêtrées »
Cette correctrice a eu une *c-o-pie, n-on* ?
                        4 3 1   2 5
La *S-ei-ne à P-a-r-i* s
   5 8 3 4 1 6 7 2
Le gra-vi-ton
   3 1 4 2

(La solution s'obtient en lisant les éléments italiques gras dans l'ordre numérique.)

Contrepèteries avec liaisons
Le *bal* des *z'ob*èses
Ces *b*adauds trimballent de petites *z'*urnes

Cassures
Le Grec lui laisse toucher son s*ax* hellénique
Ces *l*iqueurs sont bienve*n*ues

Soudures
Les *d*outes d'un *Pr*igent
Sa*b*ine rêve de beaux *p*inards

Soudures et cassures

Le ve*au* gras poussa la F*i*at
L'ami d'*A*nnette me caresse le p*i*f

Liaisons et cassures

Ce s*a*x est tatou*é* (t'à tou*é*)
Ce *cul*turiste en (n')*a*

Avec des sigles ou des acronymes

Ce gros *d*'Agen (*d*agin) n'a jamais eu de P*V*
Ces péd*an*ts ne veulent pas des BD (débé*der*)
Le *C*annet est en plein *P*aca

Avec changement grammaticaux
Changement de temps ou de mode d'un verbe
Les secouristes prêt**èrent** leur ouate/
Changement d'un substantif ou adjectif en verbe
La cuisinière goûte la gau*fre* et la *l*otte
Changement d'un adverbe en substantif
C'est bien là, *p*rès des /huttes (la *p*raie des /utes)
Changement d'un adjectif en substantif
Des nobles a*bb*és proposent leurs *g*îtes

Contrepet et verlan

Madelon propose ses *qu*iches à des *m*eufs
Ce ripou en a *m*ouillé des *k*eufs
Livre : *La B*î*ble des* t*eufers (des* t*uffeurs)*

Contrepet et argot

Filez vot'*fr*aîche, mé*m*ère !

À la fr-an-gl-aise
3 4 5 2 1 6 (*Lire dans l'ordre numérique*)
Bush, vos *bo*ys me *coû*tent
Aucun e-mai*l* (hyme*l*) n'est ve*n*u

Jackie Kennedy a fait souvent t*ro*quer son j*ea*n
Les *B*lacks ont du *c*œur !

Contrepèteries enchaînées « serré »

Ce *v*ert p*i*vert p*e*rce en arrosant la p*i*e (2 contrepèteries)

Ces *c*oupes de *tr*oncs rendent la lan*de s*ûre (2 contrepèteries)

Je sens un p*if* gl*a*cé (gl*a*sser) entre mes *m*ains *s*ouil-
lées d'avoir *p*êché des co*l*ins et dé*b*it*é* des *s*ei*ch*es
(4 contrepèteries)

On en voit de *beau*fs s'em*pâ*ter (sans *pa*té), *an*tiques
et *é*culés, des *paill*assons *to*cards aux bour*d*es in*c*es-
santes, qui nous l*è*sent et se dé*ch*irent (5 contrepèteries) [11] (voir aussi le préambule).

Le décryptage des contrepèteries

Découvrir le sens caché d'une contrepèterie demande une oreille gauloise et musicale et des neurones
avisés. Le Décrypteur ouït en cogitant.

Il convient d'avoir l'oreille gauloise, car toute contrepèterie d'obédience rabelaisienne recèle des vocables virtuellement lestes, des mots « quasi tabous »
ressemblant comme des demi-frères à d'autres que
l'on répute offenser la décence. Pour peu que le Décrypteur possède le vocabulaire idoine, l'oreille gauloise flaire le tabou sous le quasi tabou. L'oreille musicale le débusque et établit la filiation. Les neurones
font le reste, en deux étapes : *a)* déterminer les lettres
à échanger pour passer du quasi-tabou au tabou ;
b) découvrir le mot copain apte à l'échange désiré. Si
la contrepèterie est de bonne facture, c'est-à-dire
simple et concise, le mot désiré est tout proche.

Exemple : « Terre de Papeete » (on prononce à la française : « papette »). Deux tabous possibles : on obtient l'un en remplaçant *pa* par *rou,* l'autre en changeant le *p* initial en *t.* Il n'y a pas à hésiter, car l'expression proposée ne renferme pas la syllabe *rou* comme dans *roupie* ou *roof.* En revanche, un superbe *t,* tout proche frétille d'impatience de se substituer au *p* qui ouvre notre « Papeete ». C'est celui de « Terre ». L'échange « p/t » rondement mené dévoile de gays attributs. Et en prime, on a deux tabous, comme avec les *types de Papeete,* ou les *tennis de Papeete...*

Les choses se compliquent lorsque l'échange casse les mots ou au contraire en soude. Ainsi, que cachent « Trente-deux cadeaux » ? Le Décrypteur averti flaire trois tabous derrière le mot *deux : a) eu* se transforme en *ar ; b)* le *d* se change en *n ; c)* le *d* devient *qu* (ou *c* dur ou *k*). Mais là encore, le choix est clair, dicté par le mot copain proche. Quel est ce mot ? Ce n'est pas *trente* qui ne contient ni *ar,* ni *n,* ni *qu, k* ou *c* dur. C'est donc *cadeaux.* Le voilà, le *c* convoité, qui s'orthographie *qu,* une fois le troc fait. Problème : ladite substitution mène à *dadeaux* qui ne figure dans aucun dictionnaire. C'est alors que se mettent en branle, si l'on ose dire, l'oreille musicale et le neurone avisé. L'oreille, sensible aux homonymies, se focalise sur quelque chose comme *à dos.* Mais que devient le premier *d* ? Le neurone prend le relais et découvre que *dadeaux* peut s'écrire *d'ado.* Et voilà la contrepèterie résolue par le troc *C/D.* Les trente-*d*eux *c*adeaux se dévoilent alors comme trente jeux de Pâques ou trente paquets de jeunes graines... Remarquons au passage que *ado,* début d'*adolescent,* est devenu peu à peu un mot à part entière comme anar, auto, loco, métro, télé, mégalo, Sarko, etc. Ces abréviations devenues vocables d'usage courant, ont un nom savant : *apo-copes*. Elles fourmillent dans notre langue et sont une manne pour le compositeur d'antistrophes de par leur structure simple, donc aisément transmutable, et leurs virtualités contrepétogènes. On peut faire beaucoup de choses avec prolos, Sécu, perm, coca des pubs (en tas) ou encore kiné (la co*p*ine voudrait être *k*iné).

En attendant, le candidat compositeur tirera grand bénéfice d'une pratique assidue du décryptage, afin d'accoutumer son oreille à la détection des quasi tabous jusqu'à ce que cela devienne un quasi réflexe. Ainsi, lui sera épargnée la hantise, pouvant aller jusqu'à l'obsession, de passer à côté d'une contrepèterie ou, au contraire, d'en chercher une là où il n'y en a pas. Pour l'y aider, voici une petite liste de mots potentiellement contrepétogènes et/ou aux syllabes allé-chantes, qu'il pourra étoffer en feuilletant notre *Dico de la Contrepèterie* : acculer, balcon, bar, berge, biaiser, biche, bouillon, boutre, butte, caisse, chambre, chicon, clopiner, combiné, compassion, compilé, confesse, confluent, consensus, consentant, cucurbite, délation, débiter, fine, fouilles, génisse, houpette, loutre, malus, mine, mite, obèse, opiner, pendaison, pinède, pipette, plan(t), poncho, poutre, prébende, roussettes, sarabande, scorpion, site, soudard, tennis, tentacule, urne, verbe, vergeture, Béziers, Bob, cénobite, Chine, Fez, Faverges, Forbach, Garches, Job, Montcuq, Nippons, Puteaux, Serge, Shikoku, Soustons, Titicaca, Vérone, etc.

Ces vocables sont le terreau où s'épanouissent tels des plants engraissés ou des pousses gaillardes les verbes exigés pour décaler les sons.

La composition des contrepèteries

Les deux lignes qui concluent le précédent paragraphe abritent quatre contrepèteries, dont la dernière est déjà connue des lecteurs. À moins qu'il ne s'agisse de lointaines réminiscences, les trois autres ont été forgées « au fil de la plume ».

Détaillons un peu le mode opératoire.

Le processus de la composition contrepétante, dont on trouve les préceptes fondamentaux dans *L'art du Contrepet* et des développements dans *La Bible du Contrepet,* est très semblable à celui du décryptage. Au départ : un mot contrepétogène, en l'occurrence : *plant, pousse,* ou *verbe.* Mais alors que le Décrypteur dispose du mot copain, le Compositeur doit en trouver un lui-même. Heureusement, la pratique aidant, le Compositeur sait déjà quel troc suscité va le conduire à l'extase. Pour le plant, c'est clairement le troc *P/G* : les *p*lants *g*aillards n'ont plus de secrets pour lui. Il doit donc trouver un mot copain muni d'un *g* qui, une fois en possession d'un *p* à la place du *g*, se trouve encore dans le dictionnaire. Nous avons choisi *engraissé,* en imaginant une pieuse jardinière qui se livre aux plaisirs de la serre derrière l'évêché : elle sera comblée dès qu'elle verra jaillir après l'averse habituelle un jeune *p*lant déjà bien en*g*raissé...

Le mot *verbe* est un nom. Mais un verbe n'est pas un nom. Sauf si « verbe » est pris au sens de « mot », ou de « parole ». C'est un nom masculin. Mais le tabou qu'il dissimule, bien qu'attribut (mais pas adjectif) essentiellement masculin, est un nom féminin. Ce mélange des genres se gère en usant du pluriel, grammaticalement hermaphrodite. Reste à trouver le mot copain prêt à prêter son *g,* qui rend le son *j.* Le choix est large : *agile, gésiers* (marchand de), *gite, joue, joyau,* ou encore celui que nous avons adopté plus haut, vu le contexte : *exiger.*

Nous allons nous arrêter un bon moment sur le mot *pousse* (et non, comme dirait un amateur de bière : « Le pot mousse ! »), car il est, comme la plante qu'il désigne, d'une grande fertilité. Tout d'abord, il offre plusieurs tabous possibles. Le premier, que dévoile le troc *P/G,* aboutit à la susmentionnée « pousse gaillarde » ; mais la Sœur jardinière tient à préciser que si, comme le plant guère vert précité, cette pousse est engraissée, cette pousse ne vient pas pour autant de la Guinée. Un deuxième tabou est issu du troc *S/F.* C'est un mot d'argot, synonyme de péripatéticienne. Dûment prévenue, la religieuse empêchera le jardinier fou de planter fébrilement une vieille pousse et l'évêque, voyant qu'il a failli avec cette pousse (il était ratatiné, le gui de cette vieille pousse), chargera une belle fervente de lui fournir une autre pousse. De préférence, une pousse d'Ussel. Et voici un fort convenable troisième avatar (troc *D/P*) de notre pousse, qui en connaît bien d'autres.

Cette brave pousse n'est pas feignante, constate Monseigneur en s'extasiant : « Ah, madame, si vous saviez ce que votre *pl*ante me *f*ait ! Plût au Ciel que vous *f*ussiez cette jolie pou*ss*e ! »

Cette pieuse historiette horticole illustre l'une des démarches du compositeur, habile à exploiter tous les tropismes contrepétogènes d'un mot à multiples transformations. De tels mots-Frégoli (et non *greffe au lit,* ni *gros filet,* ni *frigo laid,* ni *folle aigrie,* ni *frôler Guy,* ni : « Filez, gros ! », etc.), aptes à engendrer moult contrepèteries, sont la providence du compositeur.

D'où leur vient cette faculté ? Nous l'ignorons, mais nous observons que de tels mots, très simples, possèdent souvent des homonymes *(pousse et pouce)*, et des « presque homonymes », ce que les linguistes appellent des *paronymes*. Notre *pousse* en possède toute une collection obtenus en changeant la consonne initiale, ou la voyelle intérieure, ou encore la consonne intérieure.

Résumons ces trois possibilités dans un tableau « à trois dimensions » :

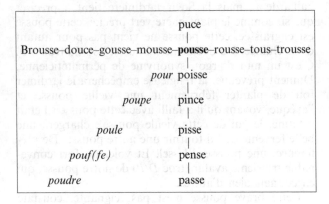

De cette pousse jaillissent maints rameaux et sur chaque rameau germent des chapelets de paronymes, que le Compositeur n'a plus qu'à égrener pour en cueillir les fruits :

Brousse-pousse : *Des **br**utes ont souillé cette pauvre **p**ousse*
Douce-pousse : *Une **p**ousse **d**'Ussel*
Gousse-pousse : *Cette pauvre **p**ousse a pris un coup de **g**affe*
Mousse-pousse : *La **m**iss **p**ousse*

48

> Pousse-rousse : *Cette pousse m'a donné une grosse carotte*
> Pousse-tous(se) : *Les types peuvent pas s'tailler si on pousse*
> Pousse–trousse : *Le charretier pousse en traînant une grosse carriole et se mouche*

On peut n'être garant d'aucune pousse et s'en passer faute de pétales. On se branche alors sans délai sur d'autres mots-parents :

> Brousse-douce : *Les brousses sont rarement ludiques*
> Brousse-gousse : *Je goûte les charmes de la brousse* [1]
> Douce-gousse : *Cette fille très douce a fui le Gard*
> Brousse-mousse : *Oh ! l'infortuné brisé dans la mousse !*
> Douce-mousse : *Te ferais-je une dînette, tendre mousse ?*
> Gousse-mousse : *Amiral, arrêtez de gâter ces mousses !*
> Mousse-rousse : *Jolies dames, ces rousses*
> Rousse-tous : *L'ophtalmo aimerait scruter les rétines de tous*
> Gousse-tous : *Guettez-les tous !*
> Mousse-tousse : *Mouche-toi !*
> Mousse-trousse : *Elle veut se faire mousser, la traîtresse !*
> Gousse-rousse : *Affolante, la chute de gains de cette rousse*

Nous n'épuiserons pas toutes les combinaisons, l'exercice pourrait devenir fastidieux. Signalons plutôt quelques contrepets en germe sur deux autres branches (voir le tableau page précédente), issues de notre pousse presque sans fin :

> Pousse-pense : *Il faut penser à tout, il faut pousser à temps*
> Pousse-pince : *La chef de gare a du mal à pousser son train*
> Pousse-pisse : *Le charretier pousse dans la bise.*
> Pousse-poisse : *Le garçon boucher pousse la moelle.*

Pousse-passe : *Alors, tu le passes, ce pouf ?*
Pousse-puce : *Ça vous démange, les puces dans le cou ?*

Pousse-poule : *Ces pousses feront de grosses pétales*
Pousse-pouf(fe) : *Le jardinier dingue fouette des pousses*
Pousse-poudre : *L'infirmière pousse ses drains*
Pousse-pour : *Contrôlez les sections quand vous pourrez*
Pousse-poupe : *Ce petit poupin rêve de ciné*

Remarque : les deux dernières contrepèteries jouent sur des mots dérivés *poussez* et *pourrez, poussin* et *poupin*. On pourrait aussi user de poussée, poupée (encore deux *p*ins de pou*ss*és !), repousser, repincer (Je l'ai rep*in*cé, il en voulait à mes s*ou*s !), etc.

Privé de menthe, le jardinier fou qu'obsède cette pousse ne cesse de guetter, croyant ouïr dans la fange : « T'es sûr que je pousse ? » Le voilà fêlé par sa pousse... Notre pousse peut aussi se transformer en soupe, à la grande joie du pêcheur au lieu, fou en soirée, qui vide ses roussettes au-dessus de la poupe, ou de la fille de cuisine qui frotte ses crins tout en chauffant sa soupe.

Ayant quitté en l'embrassant cette féconde pousse, nous survolons deux rameaux proches :

Bisse – fils – glisse – lisse – miss – pisse – six – tisse – vice
Chance – danse – France – lance – panse – sens – transe

Ce *p*aon vient de *gl*isser (de glisser dans la piscine, bien sûr)
Le vieux tailleur *t*isse en *p*oussant
Ces skieuses montrent leur *gl*isse en prenant le *v*ent
Quelle *c*inglée ! Elle est la proie de ses *tr*anses !
Cet ancien colon a la nostalgie de la *F*rance de l'a*t*oll (la *t*olle). Il p*en*se bizarrement, ce vieil am*i* !

Cet arbre si fertile (tiens au fait, une *perte futile,* c'en est une !) issu de notre pousse ne doit pas cacher la luxuriante forêt contrapétique (*La Meuse luxuriante,* c'en est une aussi !), où toutes sortes de branches se dressent dans la mousse (eh oui, encore une...). D'autres « arbres » portent encore plus de fruits. Zoomons sur l'un d'entre eux, qui sur l'une de ses branches porte le mot *mot.* Violant toutes les lois de la botanique, cet arbre à mots offre une arborescence en réseau. Faute de place, il y manque des mots comme *chai, front, chu, gros, grès, franc, quai, grand, prêt, chant...* Les mots à légère connotation rabelaisienne sont écrits en clair et encadrés, ceux carrément lestes sont également encadrés mais, par pudeur, nous n'en avons écrit que la ou les deux premières lettres. Voici ce réseau :

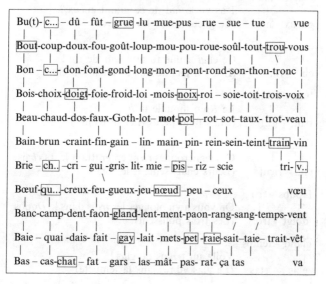

Sur un tel quadrillage, le principe de la composition contrepétatoire reste le même, mais avec un « plus » notable : au lieu d'avoir à chercher les deux couples de mots nécessaires à la contrepèterie sur deux branches parfois lointaines, nous les trouvons dans un mouchoir de poche.

Voici quelques fruits de cet arbre géométrique :

train – vin

Le vigneron met son v*in* au tr*i*
tri – v.| (Son vin ira avec un beau brie)

cou – roux

Cette Irlandaise a le c*ou* r*ond*
c..| – rond (On distingue mal le cou de sa mule)

Guy – nid

T'as vu le n*id* de ce grand gu*eux* ?
gueux – n...| (Ce gueux attire les renards)

chai – r...|

Ce ch*ai* a une forte odeur de r*at* !
ch..| – rat (Il n'y a pas de magot dans son chai)

bain – Rhin

Le *R*hin mouille la *b*aie
baie – r...| (Mais pourquoi éviter le Rhin ?)

chai – r...|

Ces vigneronnes *r*ient en grattant leurs *ch*ais
ch..| – rient (Leurs chais sentent le rôt)

Doubs – tr.|

On vous a vu plonger les *tr*ois dans le *D*oubs
doigt – trois (Les trois poussent)

gland| – temps

Voilà un t*em*ps de gl*as* !
glas – tas (Le glas vibre dans la tempête)

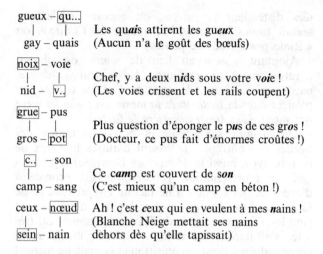

Avec la même technique, le lecteur retrouvera aisément les célèbres classiques : n*ou*s *d*eux, le *qu*ai *l*ong, le *c*ou des *b*œufs, le *c*oup du *tr*onc, un *p*oids dans le *d*os, la *r*ue du *qu*ai, etc., glanant au passage cette somptueuse contrepèterie de Luc Étienne : « Le jeune marié expose son *v*œu : un joli *n*id. », et la grandiose contrepèterie « belge » : « Il fait *b*eau et *ch*aud ! »

La puissance contrepétogène d'un tel réseau est amplifiée en usant de mots dérivés de ceux qui figurent aux mailles du quadrillage.

Rajoutons par exemple la syllabe « *te* » à des mots du réseau de mots précédant. Certains cessent d'être tabou en devenant par exemple *boute, comte, pote* ou *vite* ; d'autres, au contraire, comme *pus, rue, bi, mot, faon, taon* le deviennent.

Ces mots livrent de joyeux contrepets, comme « La *ch*ute peut faire mal aux *p*attes. », « Ces *ch*utes répétées distendent la *r*ate. », ou encore : « L'arbitre *sen*tait toutes les f*au*tes ! », « R*u/e* du Com*t*e », ou « R*u*de po*n*te (*r*ues de po*n*tes).

Ajoutant « sse » au lieu de « te », on obtient d'autres mots prometteurs : *baisse, caisse, dresse, messe, cesse, tresse,* de quoi f*o*uiller les c*a*isses, ou plonger dans la f*o*ule *après la* m*esse* avec une fermière qui montre *ses* tr*esses derrière le* f*acteur.*

On imagine sans peine et non sans malice des hordes de contrepets jaillissant d'autres tableaux de ce type (voir aussi le *Manuel de Contrepet* [2]).

Cette représentation géométrique est propice à d'éventuels jeux vidéo. Elle facilite l'apprentissage de la composition contrepétatoire à partir de mots tout simples. C'est une façon de faire ses gammes. Et, très vite, s'affûteront les réflexes auditifs, musicaux et combinatoires, dont l'acquisition et la maîtrise mènent à la virtuosité.

On peut contrepéter sans cesse et sans fin, armé de son vocabulaire, de son imagination et de son écoute musicale. Lecteurs, à vous, de jouer. Ne vous laissez pas bâillonner l'écoute ni les joies de votre verve !

Ce chapitre cache 83 contrepèteries clandestines.

Chapitre III

CONTREPET, LANGAGE,
OBSESSION TEXTUELLE ET RIRE

Pourquoi la langue française
est-elle si propice au contrepet ?

Le français est la langue offrant, et de loin, le plus de possibilités au contrepéteur impénitent. Pour s'en convaincre, il suffit de comparer notre répertoire à celui d'autres pays. Médaille d'argent, l'anglais a ses contrepets, appelés *spoonerisms* [12], [13], mais ils sont tout au plus quelques centaines... D'où vient cette écrasante suprématie de la langue de Rabelais ? Un vrai linguiste pourrait répondre avec rigueur. Un contrapétiste, sans gêne, ne peut que proposer des pistes. En voici quelques-unes.

La langue française n'est pourtant pas *a priori* plus contrepétogène que d'autres langues construites à partir des mêmes lettres de l'alphabet. Mais, outre l'esprit gaulois de beaucoup de ses locuteurs, elle réunit toutes sortes d'atouts :

– très peu d'accent tonique ;
– richesse du vocabulaire grivois et nombreux vocables à sonorités appétissantes *(-ouille, -ine, -ard, -on, -ite, -erge...)* ;
– abondance de mots et de noms propres dont une ou plusieurs syllabes sont homophones de mots tabous : *vitupère, pinacle, putative, opiner, héli-*

55

con, pinnipède, orbite, Pompée, concubin, nyctalope, soudard... ;

– abondance de paronymes (voir le chapitre précédent), et en particulier de mots ne différant que par la consonne initiale (par exemple : *bouille, brouille, douille, fouille, grouille, mouille, nouilles, Pouilles, rouille, souille, touille, trouille, Vouillé,* sans oublier l'anagramme de luciole...) ;

– abondance de mots à sens multiples, comme dans l'expression : « Mettre le préservatif à l'index ». Cette « polysémie » aide à la mise en scène d'un contrepet. Ainsi, dans « Distinguer les b**u**s des poids-l**our**ds », « distinguer » est pris au sens de « différencier », alors que, dans le sens caché, il signifie « apercevoir distinctement » ;

– abondance d' « apocopes », ces abréviations devenues mots d'usage courant. Voici quelques exemples de fécondité apocopesque :

Cette fille au joli **p**oncho rêve d'être **k**iné
Laissez donc ces pu**b**s **t**élé !
L'énarque jette un regard dé**l**avé sur les **pr**olos
Cette /hutte a longtemps été pleine de **p**neus
Monseigneur fréquente de s**ain**tes cath**o**s
Ne vous laissez pas **a**cculer par ces br**an**ques !
Ce misérable a v/olé des d**i**ams !
Le foot/, c'est souvent **t**roublant !
Ces **m**ythos sont bien **cl**oches !
Voilà un s**a**x qu'**est** piteux !
Ces **z**'infos sont pé**n**ibles
Les **m**onos se **g**arent dans la r**u**e du qu**ai**
Cet écolo a une ver**t**e auto ma**g**ique
Madame, votre /litho est in**c**lassable !
Votre /litho me transporte au VIIe siè**c**le !

Cette Portugaise a de beaux p*ul*ls dr*oi*ts
La boulangère proclame que son p*ain* est bi*o*
La chanteuse aux jolis *g*ains se méfie des *s*onos
Les *m*ots *g*recs se dé*cl*inent au *b*ac
Ce novice b*oi*t avec des filles de Jè*z*es
Le cardiologue parle de Sé*c*u en p*on*tant

– terrifiante puissance contrepétante des mots courts :
pour obtenir un contrepet de ces mots-là, point
n'est besoin de laborieuses combinaisons ; il suffit
du troc d'un tout petit nombre de lettres, ce qui
multiplie les possibilités. La langue du contrepéteur
apprécie les rares doses : trop de lettres à la fois,
c'est fou ! Mais on finit par avoir quelque lueur à
force de sécher. La vigneronne découvre alors le fa-
meux g*oût du* b*lanc,* Juliette Drouet, le g*oût du*
b*eau,* une conductrice athénienne, le g*oût du* b*reak,*
le quincaillier, le c*oût des* g*onds.*

L'absence quasi complète d'accent tonique relevée
plus haut rend le français propice aux homophonies,
aux holorimes. Deux phrases peuvent contenir des
mots différents avec des orthographes différentes, et
rendre exactement le même son ; les exemples célèbres
fourmillent :

Et ma blême araignée, ogre illogique et las,
Aimable, aime à régner au gris logis qu'elle a.

Victor Hugo.

Étonnamment monotone et lasse
Est ton âme en mon automne, hélas !

Louise de Vilmorin.

Cette souplesse sonore, qu'exploite le calembour (et
non le caban lourd, ni le khan balourd, ni le camp lou-

bard, ni le bar coulant), comme dans : *Les cales sont sèches* (Les caleçons sèchent), *cétacé* (c'est assez, ou : c'est tassé), *des jalons* (déjà longs), *vie d'ange* (vidange), *pope hautain* (popotin), ou, à l'extrême limite, un « chauve à jeun », est une possibilité de plus qu'offre au Contrepet notre belle langue, comme dans :

Jeannie est experte en fine écologie
Fanny est experte en gynécologie

Exemples rabelaisiens de « contrepétolorimes » :
Je n'ai pas de re*b*ords à *m*es épaulettes.
(Je n'ai pas de re*b*ords à *m*aiser Paulette)
Ma chérie, *t*u sais, *c*'est toi !
(Ma chérie, *t*uce et *s*ais-toi)
J'ai su *t*es désobéissan*c*es
(J'ai su*t*é des z... et y sen*c*ent)

Les collectionneurs de contrepets ont bien d'autres ingrédients dans leurs sacoches, qui, au cours de leurs pérégrinations langagières, leur permettent de répandre la bonne parole contrepétulante. Ils ont ainsi le loisir de vider leurs sacoches en quelques balades.

Ce n'est pas l'apanage du français, mais elle ne peut être que contrepétogène, une langue qui crée toute seule des inversions de lettres, suscitant moult « métathèses » comme *précé*d*er*–*pré*d*écesseur, consé*-*cration*–*cons*a*cré, ca*r*apace*–*capa*r*açon,* ou **fro**mage,* autrefois **for**mage,* car cet aliment était moulé dans une « forme », tandis qu'un bébé est formé dans une m... Rien d'étonnant si d'espiègles contrepéteurs détectent des saveurs cachées dans le *chin*on, ou au sein des *pat*ineuses et des *taqu*ins.

Et comment voulez-vous qu'elle n'engendre pas des myriades de contrepets, une langue capable de donner à des expressions un tantinet péjoratives comme « Ce n'est pas un enfant de chœur » ou « Il n'a pas inventé le fil à couper le beurre », le superbe nom de « tapinose » (holorime de « ta p... ose ») ? C'est pain bénit (et non : pis bénin) pour le contrepéteur libertaire et un peu subversif, façon *Canard Enchaîné,* comme l'est l'auteur de ces lignes, qui, chaque mercredi, se débrouille pour disposer d'une riche palette avec des meutes de tapinoses. Voici, pour ouvrir l'appétit, celles que purent découvrir les lecteurs de *L'Album de la Comtesse* du *Canard* le 3 novembre 2004 :

CES ABUS MINABLES SERAIENT DES POTINS
Ni Flosse ni Juppé ne con*fessent* leurs *prim*es

Chirac à Flosse qui exhibe deux roupies de Papeete : « Stoppe cet aud*i*t, v*i*eux *(od*i*t v*i*eux) ! ». Juppé, au t*i*f pas très a*ppar*ent, a la b*o*tte plus très droite et l'on voit son dépit. Il se prétend victime d'un cou/p d'avoca*illon. Ce c*rack parfois b*afouille. Obsédé par le n*ain de Bercy, ce grand s*ec a du mal à l'assu*mer.*

La suite au dernier chapitre : « L'abus des élites ».

Les accents des régions

Les contrepéteurs n'ont pas attendu la décentralisation raffarinienne pour exploiter les particularités phonatoires de nos belles régions, à la manière, entre autres, de l'auteur de cette délicate devinette : « Quelle est la différence entre une balance et une Alsacienne ? » Réponse : « Y en a pas, elles pèsent pien toutes les teux ! » Prononcer les *b* comme des *p* porte le doux nom de *dévoisement.* Inversement, prononcer les *p* comme des *b,* c'est le *voisement,* comme dans ce dessin alsacien d'une corde à linge qui porte trois chaussettes. Une seule s'égoutte. La légende du dessin : « Il n'y a gue le bremier bas gui goutte ! », donne deux exemples de voisement : *p-b,* déjà mentionné, et *k-g.* auxquels se joignent *d-t* et *s-z.* Ces habitudes phonatoires stimulent les recherches des contrepéteurs, prompts à déceler le tabou sous la *b*utte (pleine de *p*ierres), la *b*êtasse a*p*aisée, le *g*ond (qui *c*oûte), le magasinier qui *p*èse et em*b*alle ou les verge*t*ures requérant des *d*ures luttes. Les dames de charité apprennent à distinguer de vastes clans de pauvres gueux, le ministre de l'Éducation se soucie des gens qui baissent dans l'Élysée et le gardien de phare de Brassens se livre aux plaisirs solidaires sur le tard [14]. Résumons en un exemple : « la paye, c'est l'abeille *dévoisée* ».

Autre région d'élection du contrepet, l'Auvergne, où l'on vous indique gentiment que « l'évêché, ch'est au chou-chol ». Il ne faut pas oublier l'un de ses plus célèbres représentants, le président Giscard d'Estaing, que certaines personnes ont cru devoir lai*ss*er dès qu'il *ch*uintait. Mais les dames de charité ne le laisseront jamais dans l'évêché, l'évêché où l'on voit parfois les cénobites et où des pères convers chantent quand Monseigneur les laisse.

N'oublions pas non plus nos compatriotes issus de l'immigration, en particulier d'origine espagnole ou portugaise. Comme il serait politiquement incorrect d'affirmer qu'il faut que « ces Ibériques s'taisent », penchons-nous sur une caractéristique de leur prononciation, que les phonéticiens appellent *interférence articulatoire* entre le *b* et le *v*. Cette particularité fut exploitée par le génial René Goscinny dans les albums d'Astérix illustrés par le non moins génial Albert Uderzo. Citons : « Tous les été, les Ibères deviennent

plus rudes » [15]. Le contrepéteur use aussi de cette filière (ni le calemboureur ni le contrepétant ne cherchent à enfermer la filière). Cela ne date pas d'aujourd'hui, témoin l'illustrissime *b*erge du ra*v*in, que
l'on découvre dès 1909 dans le *Trésor* de Jacques
Oncial, et qu'on ne saurait confondre avec la *b*erge
des *v*illes (dé*v*ile) ou une quelconque berge entourée de
vagues. Mais telle ou telle douanière novice est peut-
être surprise, la première fois, lorsqu'elle saisit (elle
bâille pendant la saisie) deux valoches cachées sous
une berge, berge qu'aura dévoilée un cerveau croate.
Jamais lassée de la vue de la berge ni de l'abus des
vendeurs, elle dévoile comment elle vivra sur la berge.
   Poursuivant notre périple phonéticontrepétillant,
penchons-nous sur des Russes en fête. Tout en chantant, nous laissons Natacha faisant goûter ses pains à
Soutine, et Boris, qu'elle a fait mander, crier : « Quelle
neige, hein ! », ébloui par son admirable Néva. Constater que Kasparov se prononce *Kasparoff* nous fait
ouvrir tout grand les vannes contrapétiques par troc
des deux consonnes proches car toutes deux « labio-
dentales » : « *F/V* », confondant presque les vols de
fous avec les folles de vous, mais aussi les *v*entes *f*astes
ou les *v*ignes ra*ff*inées, avec dé*f*is (des *f*its) aux *v*entes
et dé*f*is aux *v*ignes. Des mycologues débutantes (présentant des volves tout à fait uniques) feront ouvrir
leurs *v*esses par dé*f*i (et montreront comment les fer-
mer en faisant jaillir plein de spores).

Une thèse pas aberrante
de contrepétophonétique

   La phonétique contrepétogène, joli sujet pour une
belle thèse ! Empruntant leur méthode aux étudiantes

en langues fraîchement arrivées dans une ville univer-
sitaire et qui apprennent la phonation à l'hôtel avant
même d'avoir découvert des chambres d'amis, plon-
geons dans ce que nous choisissons d'appeler des *prêts
phonétiques* en commençant par dégager quelques virtualités contrepétogènes de certains organes impliqués
dans une belle phonation : lèvres, dents, langue, voile
du palais (contrepet que ne manque pas de trouver
quiconque sait où se niche son palais), pharynx, la-
rynx, glotte, luette, etc.

Le phonéticien, ancien légionnaire, se bran*ch*e sur
les *l*èvres. – Peut-on confondre d*ent* et m*a*rbre ? Non
car il vaut mieux ne pas trop frotter l'é*ma*il sur un
*cou*telas. – Il ne faut pas non plus confondre gangue
lourde et langue gourde, ni chat dans la gorge et trace
de *l*outre dans le *ph*arynx, mais c'est parfois dément à
l'intérieur de la glotte.

Et la luette ? Elle n'est pas oubliée : le doctorant en
contrepétophonétique est surmené. En proie au délire,
il « zappe » : le voici faune au logis (mais pas faune
étique) face aux nymphes pyromanes. Dans son rêve
éveillé, il gambade jusqu'aux feuilles d'une sente non
loin d'un ru tumultueux qui coule, et tombe sur une
charmante scène animale que n'aurait peut-être pas
dessinée Walt Disney (dans *Blanche-Neige,* il hésitait
même à filmer la saynète quand jaillissaient ses
nains) : l'alouette taquine la mule...

Mais notre rêveur a mal noté les froids. En outre, il
a laissé son bonnet coincé sous un patin (les patins ac-
crochent)... Et le voilà qui croise une jeune et jolie fermière, le feu dans la narine : « Bonjour Badeboiselle,
egzgusez-boi, je suis enrhubé du dez ! Mais j'aiberais
beaugoup gue vous me barliez de labour ! » Phénomène phonatoire courant : le rhume du « tarin » altère

les capacités résonantes de la cavité du nez, au point que les consonnes « nasales » sont déformées en consonnes « sonores » : les *m* sonnent comme des *b* et les *n* comme des *d*. Il parle de *labour,* elle croit qu'enrhumé, il parle de *l'amour*. Coup de foudre, c'est tout : « Veux-tu te moucher ! », lui propose la belle. L'ayant mouché et réchauffé contre sa cotte, elle lui parle à son tour de la*b*our en le laissant caresser son *m*outon. Sous les ombrages, une *m*ouche taquine des *b*iches. Un rêve... Mais le réveil est rude lorsque le *j*eu s'arrête et que péniblement on (*n*')ouït : « Alors, t'as *m*is tes *b*ols *?* » (ta *m*ite est *b*olle ?) surtout si, ensuite à la fac, on se prend un 2 (*d*eux) fort mi*n*able ! Et quand on prend un *d*eux, on s'en trouve pei*n*é. Il a fort pani-qué, au début, notre apprenti explorateur du langage. Mais il aura tôt fait de tourner sa peine vers ses livres. Il est de ceux qui se battent pendant la thèse. Le joli rêve qu'il aura vécu va se lover dans un coin de son subconscient. Et chaque fois qu'il aura peine à lire, il se verra encore, pâtre en mal d'infusion, goûter, un peu fou, la menthe d'une bergère en train de soulager le nez qu'il a poisseux.

Le Contrepet, fantasme ou catharsis ?

Sens textuel, lapsus et Contrepet introspectif

Voici des questions aussi vieilles que le Contrepet : Qu'est-ce qui pousse des bipèdes pensant et même bien-pensants à décaler les sons ? Qu'est-ce qui pousse d'autres bipèdes pas moins respectables que d'autres (mais on distingue les bipèdes déroutés) à en chercher le sens caché, sachant qu'ils y trouveront des choses « en dessous de la ceinture » ? Pourquoi, ayant trouvé, éclatent-t-ils de rire, alors qu'en entendant d'emblée la polissonnerie, voire l'obscénité sous-jacente, ils ne riraient pas du tout ?

Là encore, seuls d'authentiques psychanalystes, psychologues, psychiatres, ou psycholinguistes seraient en mesure de répondre avec la rigueur requise et l'autorité que leur confère leur savoir. Le contrepéteur ne peut que livrer ses interrogations et ses expériences. En voici une.

Il y a une quinzaine d'années, un pasteur de nos connaissances nous proposa de venir avec notre tas de bouquins au synode de la Fédération protestante de l'Île-de-France. Nous fîmes un tabac auprès des participants, tous pasteurs ou presque, et nos exemplaires s'enlevèrent comme des petits pains. Bonhomie et bonne humeur étaient de mise, jusqu'à l'arrivée d'un monsieur crispé et affligé de tics, qui nous déclara tout de go : « Je trouve ça malsain ! » Une sorte de table ronde s'instaura, avec d'autres participants un peu interloqués. Il apparut vite que le monsieur crispé ne retenait du contrepet que le côté sexuel. Le jeu de méninges, l'humour revigorant, l'aspect musical, la rigueur du mécanisme de « conservation des phonèmes » ne l'intéressaient pas. De guerre lasse, nous finîmes par glisser : « Cher monsieur, bien que gauloise, la contrepèterie est une auberge espagnole : chacun y trouve ce qu'il y apporte. » Le monsieur s'éloigna en haussant les épaules et la bonne humeur ambiante revint.

Cette algarade nous fit beaucoup réfléchir. Certes, il n'y a pas que du sexe en Contrepet, mais il y a *aussi* du sexe. C'est même le piment de la chose. Alors que le Contrepet « de salon », exempt de sexe par définition, ne déclenche aucun rire, le Contrepet rabelaisien est le seul jeu de langage qui récompense celui « qui trouve » par une explosion de rire. Répétons-le : la magie du Contrepet est là : on s'esclaffe en découvrant sous la phrase anodine l'obscénité qui, énoncée d'emblée, ne ferait rire personne. Nous reviendrons sur le mécanisme de ce rire libérateur.

En attendant, n'escamotons pas le débat. Le sexe fait partie de la vie. Privée de sexe, l'espèce s'éteint. Pour parer à ce danger, le Créateur, à moins que ce ne soit le hasard et la nécessité, nous a donné, avec l'instinct de reproduction, toute une gamme d'intenses et délicates satisfactions lors de son accomplissement. Or, au cours des siècles, de redoutables professeurs de vertu ont cru devoir ranger cet irrépressible instinct de survie parmi les « bas-instincts » auxquels il serait convenable de résister. Enfermant ainsi le genre humain, denrée périssable, dans un insoluble dilemme, cette prohibition n'offrait qu'une seule issue : la transgression. Elle prit et prend encore des formes variées : tartufferie ou pornographie pour les plus « en manque », humour ou langage codé pour d'autres. Le Contrepet est ainsi apparu comme un biais savoureux pour parler « de ces choses-là », sans en parler tout en en parlant quand même, comme tout carabin biaisant avec une belle passante. C'est entre autres grâce à sa vertu de donner le change aux censeurs tout en les narguant qu'il a pu se propager au cours des siècles. Mais par-delà ce constat, une question demeure : n'existerait-il pas à ce besoin de parler de sexe de façon cryptée des raisons plus profondes que le plaisir canaille de faire la nique aux moralistes ?

Nous n'y coupons pas d'une visite au bon docteur Freud. Notre visite est celle d'un néophyte ignorant tout de la psychanalyse. Le grand Sigmund n'est plus de ce monde, mais il a laissé ses écrits. Tentons d'y glaner matière à réflexion, lové par la pensée sur le vieux divan de celui que tant de thérapeutes et leurs patients révèrent comme un dieu vivant. Cherchons un sens textuel à ces textes sensuels qui décortiquent toutes les obsessions, comme, par exemple, celle du contrapétiste qui cristallise ses fantasmes sur les mots : l'obsession textuelle.

Notre consultation freudienne posthume passe par une étape incontournable : le *lapsus,* mot qui signifie trébuchement, faux pas, erreur. Un lapsus, c'est un changement involontaire d'une ou plusieurs lettres dans un mot ou une expression. C'est parfois aussi un échange de phonèmes entre deux mots, autrement dit une *contrepèterie involontaire...*

Un lapsus peut avoir une source purement « mécanique » par télescopage entre une certaine inertie des organes de la phonation et une anticipation des mots qui vont suivre. La pensée va plus vite que la langue, alors la langue « fourche », comme c'est arrivé à un journaliste de radio commentant des cotes de popularité : « le chef de l'É*ca* est bien *c*lassé », évidente anticipation de la consonne initiale de c*lassé.*

Un lapsus révèle souvent une préoccupation ou une obsession. Ce peut être une sourde irritation qu'on ne peut exprimer directement. Ainsi, sur France Infos, le 2 novembre 2004 à 7 h 40, évoquant le clientélisme du président tahitien Gaston Flosse, que soutient l'Élysée, le commentateur prononce *polonie* à la place de *Polynésie,* trahissant ainsi son sentiment anti*coloni*aliste.

Le lapsus plonge encore plus profondément dans cette sorte de zone « frontière » cette passerelle entre le conscient et l'inconscient (merci aux neurobiologistes de nous pardonner cette appellation probablement non contrôlée), lorsqu'il révèle une angoisse « rentrée ». Sur France Inter, le 28 septembre 2004, à 19 h 05, un journaliste évoque ses confrères et leur guide pris en otages en Irak par des guérilleros. Et le voici qui prononce *soulèvement* au lieu de *soulagement* ! Ce lapsus révèle la réprobation et l'angoisse que le locuteur, par autocensure, déontologie, ou simple pudeur préfère garder pour lui, donc refoule. C'est bien précisé par Freud : « L'idée qui s'exprime dans le lapsus est précisément celle que l'on veut refouler. » Mais la pression de l'idée refoulée est parfois si forte qu'il se produit comme une fêlure dans l'inconscient. Alors fuse le lapsus, comme par une soupape. C'est comme en physique (ou en physiologie) : « Ça fait baisser la pression (ou la tension) » et ça soulage. Indigné et angoissé par le rapt de ses confrères, le journaliste a inconsciemment « laissé fuser » ces sentiments. Son lapsus *soulagement-soulèvement* l'a trahi : au-delà du soulagement que suscite en lui le rêve d'une possible libération, il est soulevé de rage contre les kidnappeurs qui, eux-mêmes, se soulèvent contre l'occupant.

Ce lapsus déclencha en nous une réflexion sur les dangers du métier de correspondant de guerre et sur les moyens d'aider à la libération des otages. Mais le citoyen et l'homme que nous sommes se triple d'un contrepéteur en perpétuelle veille, quasi-pavlovienne vu notre entraînement. Quelques secondes plus tard, c'est le déclic : soulèvement, rage, soulagement, rêve... Il y a tout pour forger une contrepèterie ! Luc Étienne a raison : le Contrepet est l'enfant naturel du lapsus. L'écoute non brouillée du journaliste de France Inter a provoqué l'accouchement d'une contrepèterie, que l'on peut ainsi formuler : « Le soulèvement est source de rage, le soulagement est source de rêve. » Quel a été notre cheminement ? Nous l'ignorons, n'étant pas psychanalyste. Lançons une hypothèse. Partageant l'angoisse générale, nos neurones en état de disponibilité maximale, nous avons pris de plein fouet les mots du journaliste, et leur empreinte dans notre cerveau a activé le réflexe contrepétogène, *prolongeant et amplifiant le soulagement qu'avait déclenché le lapsus.* Lapsus et Contrepet se révèlent ainsi de puissantes soupapes dont les effets se conjuguent. Et encore, dans l'exemple narré, une troisième soupape n'est pas intervenue le rire, inséparable de la composante rabelaisienne du Contrepet. Comme le montre Freud dès 1905, à propos des manifestations de la *Psychopathologie de la vie quotidienne* [16] : « Les lapsus, erreurs, oublis, méprises, actes manqués et symptomatiques participent des mêmes mécanismes langagiers, pour dire de façon détournée ce qui ne peut s'avouer directement. D'où le caractère parfois involontairement comique, de certains ratés ou lapsus, comme celui de ce professeur d'anatomie qui dit : "En ce qui concerne les organes génitaux de la femme, on a, malgré de nombreuses tentations *(Versuchungen)*... pardon, malgré de nombreuses tentatives *(Versuche)*..." ». Ces histoires d'ovules excitent la verve des dames fêlées par la tentation...

Ce n'est pas un hasard si le répertoire contrepétulant est rabelaisien à 95 % : Freud voit dans le lapsus « l'émergence de désirs inconscients », ce que malicieusement corrobore une homophonie du mot lui-même *(lape-suce)*.

Quel désir inconscient peut bien révéler le lapsus d'un pasteur narrant qu'au retour du fils prodigue, son père lui offrit du *viagra,* au lieu du biblique *veau gras ?* S'agirait-il d'une déviation perturbée par le veau gras, pour cause de dévotion perturbée par le viagra ?

Autres désirs inconscients, celui du ministre qui afficha sa ferme intention de « baiser les impôts », espérant peut-être se caser après les avoir baissés, ou celui de Nicolas Sarkozy qui, raconte le *Canard Enchaîné* du 26 octobre 1994 : « A eu le lapsus fleuri le 19 octobre 1994, à la remise du prix Veuve-Clicquot de la "femme d'affaires de l'année" [...] La langue du super ministre a fourché quand à l'instant d'entamer son laïus il a attaqué très fort : "Le prix de la Veuve-Clito"... » Lapsus bien excusable de la part d'un homme public inhabituellement troublé par une troupe de pédégères et des fragrances de « Clicquot ».

Vous n'aurez pas manqué de noter, lecteur vigilant, que chacun des trois lapsus mentionnés est immédiatement suivi de son complément contrapétique. Au cours de notre longue carrière de contrepéteur festif, nous avons maintes fois, en société, vérifié l'amplification de la vertu cathartique du lapsus par le contrepet. Contrepéter sur un lapsus venant de fuser, c'est comme passer une deuxième couche de détachant (comme chez Mme Pampers™, qui présente ses grossistes aux copains, lesquels passent leurs couches au détaillant), pour laver nos esprits de « tout ce qui nous prend la tête », le nettoyage étant parachevé par la cascade de rires qui jaillissent de toute part. Il s'agit d'une véritable contrepétothérapie de groupe, et nul ne pense plus à chicaner dès qu'il rit.

Jean-Guy Millet analyse ainsi les bienfaits du lapsus sur le lieu de travail [17] :

« Dans l'entreprise, [...] le lapsus dégage une odeur de liberté : ces hommes et ces femmes contraints au lexique stéréotypé du management moderne s'en échappent le temps d'une confusion qui déborde en éclat de rire. [...] Dans l'entreprise, le lapsus est récréatif : les mots se jouent enfin du labeur qu'on leur impose et le jeu de mots va jusqu'à suggérer qu'un travail sur les mots serait plus efficace que leur scansion mécanique ou que leur itération névrotique. Qu'une consonne se substitue à une autre, qu'une voyelle s'ajoute à un mot, *qu'une contrepèterie travestisse un impératif,* ces amendements involontaires suscitent plus de réflexion et offrent plus d'intelligence que le corset d'impératifs aux allures d'uniformes linguistiques. »

On ne saurait mieux dire que le contrepet apparaît comme un antidote à la pensée unique. Encourager ses salariés à pratiquer régulièrement des séances de contrepet collectif, une fois dressée la liste des lapsus de la semaine, économiserait au chef d'entreprise, dont le staff est pressé, de coûteuses séances de remotivation ou de soutien psychologique. Il parerait ainsi à moindre frais aux réticences, malaises, conflits, soif de puissance, tentation de promotion-canapé, sous-évaluation du coût des bureaux, etc. Pour aider les managers désirant manager à coût minimal, voici, comme initiation au *brainstorming* contrepétillant, quelques lapsus que cite Millet, flanqué chacun par nos soins de sa contrepèterie collatérale.

« *Souffrir* aux autres » au lieu de « *s'ouvrir* aux autres ». Les *v*entes vont-elles sou*ff*rir ?

« Je suis *tout nu* d'atteindre mes objectifs » au lieu de « Je suis *tenu, etc.* » Il est t*e*nu parce qu'il c*oû*te !

« Période d'*affection* » au lieu de « période d'*affectation* ». Le gérant d'un resto du cœur vérifie l'af*fec*tation des /pains.

« *Complicité* de travail » au lieu de *complexité* de travail «. Le metteur en scène ressent la compl*e*xité de cette belle S*i*ssi.

« *Traîner* le problème » au lieu de « *traiter* le problème ». La patronne *m*ime un *br*asseur qui laisse trai*t*er sa bibi*n*e (2 contrepèteries).

« *Mépriser* la relation » au lieu de « *maîtriser* la relation ». L'entraîneuse, qui ne mé*p*rise pas le *t*ennis, a beaucoup de *fê*tards dans ses *r*elations (2 contrepèteries).

Ayant très souvent pratiqué la « contrepétisation » des lapsus lors de dîners en ville, nous avons mesuré le pouvoir revigorant de ce merveilleux mécanisme à remonter le moral : le lapsus mène au contrepet ; le contrepet mène à une explosion d'hilarité ; cette explosion provoque une onde de jubilation, qui se propage dans tous les milieux, même les plus mollet compté, pardon, collet monté.

Tentons de décortiquer ce phénomène.

Contrepet, rire
et contrepétothérapie de groupe

Nous nous aventurons ici au cœur de ce qui est une jungle pour le béotien en psycholinguistique que nous sommes. Quel est le lien entre langage codé, gestion des pulsions, encanaillement contrôlé, sociologie du rire et thérapie par le même rire... Nous n'en savons pas grand chose. Que les spécialistes ne nous en veuillent pas de risquer de timides conjectures. Elles nous ont été inspirées par une longue pratique individuelle et collective du Contrepet, et confortées par de savantes lectures, dont nous livrons quelques extraits.

Bergson, dans *Le rire* [18], écrit ceci :

« L'*interférence* de deux systèmes d'idées dans la même phrase est une source intarissable d'effets plaisants. Il y a bien des moyens d'obtenir ici l'interférence, c'est-à-dire de donner à la même phrase deux significations indépendantes qui se superposent. Le moins estimable de ces moyens est le calembour. Dans le calembour, c'est bien la même phrase qui paraît présenter deux sens indépendants, mais ce n'est qu'une apparence, et il y a en réalité deux phrases différentes, composées de mots différents, qu'on affecte de confondre entre elles en profitant de ce qu'elles donnent le même son à l'oreille. Du calembour on passera d'ailleurs par gradations insensibles au véritable jeu de mots. Ici les deux systèmes d'idées se recouvrent réellement dans une seule et même phrase, et l'on a affaire aux mêmes mots. » Et aux mêmes sons, renchérit le contrepéteur. Le contrepet conserve les vocables, mais il les masque : c'est une *commedia dell'arte* des mots. Les inquisiteurs auraient brûlé, le contrepéteur « encode ».

En effet, dans *Les données de la linguistique* [19], Jean et Martine Morenon précisent :

« Il existe toujours, dans l'humour, un double sens qui suppose un double encodage et un processus d'inversion très singulier et spécifique du rire. Dans l'histoire du pape qui met le préservatif à l'index, apparaît un premier sens, conforme au langage de l'Église. Mais de par le double sens du mot index, l'auditeur peut entendre autre chose. La qualité humoristique d'un énoncé est donc conditionnée par une écoute fonctionnant de façon inversée. Le destinataire du message n'entend le second sens qu'en exécutant une nouvelle opération d'encodage. Ce procédé [...] a pour terrain de choix le langage érotique, par excellence soumis à la pudeur, où, cependant tout, et pire, peut se dire sur un mode ludique.

C'est par l'encodage *(Il faut un art consommé pour décoder, ndlr),* que le discours galant permet [...] l'évocation du sexuel, et tout ce qui touche de près à la pulsion est livré sous forme d'un discours crypté qui contient les matériaux linguistiques, à charge pour l'auditeur de réemployer ces matériaux et d'en faire son idée propre (le premier degré étant la contrepèterie). »

Ce texte propose, selon nous, une explication de ce que nous appelons l' « effet de distance » en Contrepet. C'est comme en physique avec des différences de pression ou des différences de potentiel électrique. Plus le « dénivelé » est grand entre la phrase convenable et l'inconvenance sous-jacente, plus intense est le soulagement d'avoir « contourné l'inhibition pudique » en disant sans le dire ce qui titille notre libido, et plus forte est la détonation par le rire, surtout si l'on exerce son art en agaçant les prudes. On détonne encore plus en taquinant de vieilles biques...

Toujours dans *Le rire,* Bergson semble abonder dans ce sens : « Exprimer honnêtement une idée malhonnête, prendre une situation scabreuse, ou un métier bas, ou une conduite vile, et les décrire en termes de stricte *respectability,* cela est généralement comique. » On ne saurait exprimer plus clairement la magie du Contrepet : on ne rit du scabreux que s'il est présenté sous une forme respectable, sous le « pudique paravent du contrepet » cher à Luc Étienne. Un exemple vécu : lors d'un banquet, la conversation tourne autour des grands cuisiniers. Un convive un peu éméché, professeur d'art culinaire, narre que certaines candidates, fort désireuses d'obtenir leur diplôme, ne montrent pas que leurs qualités de « maîtresses-queux ». Malgré l'ambiance festive et un tantinet relâchée, on perçoit comme une gêne. Nous montons alors au créneau et laissons fuser : « Ces futures chefs de cuisine présentent-elles leur jus au curry ? » Une seconde de silence, puis un rire énorme, homérique se propage à toute la tablée...

Auguste Penjon [20] analyse la libération par le rire (le libérateur présente ainsi sa thèse) :

« La spontanéité, ou mieux la liberté même, telle est en effet l'essence de l'agréable et du risible sous toutes leurs formes, et le rire n'est que l'expression de la liberté ressentie [...]. Le comique, à tous les degrés et sous ses formes les plus diverses, est donc l'œuvre d'une liberté. C'est proprement la liberté [...] intervenant en quelque sorte en [...] se moquant de la règle, et comme pour faire, si l'on peut ainsi parler, une niche à la raison. Cette brusque intervention, qui dérange le convenu, qui bouscule l'ordre et introduit un pur jeu là où le sérieux se croyait sûr de durer, voilà, si je ne me trompe, où trouver la source profonde du rire. » Ce passage évoque irrésistiblement le fou du roi, qui peut tout lui dire devant ses courtisans et même devant le peuple, lors de la « journée des fous », à condition que cela soit dit avec pertinence et esprit. Cette journée des fous était un exutoire au mal-vivre et aux souffrances du peuple. Le contrepéteur est un bouffon des temps modernes, qui érige l'irrévérence au rang de catharsis collective. Osons l'affirmer : c'est grâce à cette contrepétothérapie de groupe que peuvent s'épanouir des populations de taquins.

Certains esprits posés et cartésiens crieront peut-être au fantasme de potache attardé. Nous les renvoyons à un de leurs maîtres à penser, Emmanuel Kant lui-même : « Le rire produit une sensation de santé en renforçant les phénomènes physiques vitaux, l'affection qui remue les intestins et le diaphragme, de sorte que nous pouvons ainsi atteindre le corps par le moyen de l'âme et utiliser la seconde comme médecin du premier » [21].

Raisonnement : le rire est bon pour la santé ; le Contrepet fait rire ; le rire de l'un se nourrit du rire de l'autre ; la pratique collective du Contrepet fait du bien au corps social. CQFD.

« Billevesées ! », grinceront des sceptiques chagrins. Que nenni ! La Faculté elle-même abonde dans ce sens. Une jeune toubib, Sophie Madelaine-Favier, a soutenu le 26 février 2003 à la Faculté de médecine de Nancy, sa thèse (qui lui a donné du bonus) sur le sujet suivant : « La contrepèterie médicale, *comment ouvrir la valve de l'humour* ». En voici des extraits :

« Selon Freud [22], "L'humour représente le triomphe du MOI et du principe de plaisir qui est en mesure de s'affirmer face au caractère défavorable des circonstances réelles." Il s'agit donc bien d'une forme de défense contre la souffrance, transformant les occasions de traumatisme présentes dans la réalité en source de plaisir. » C'est particulièrement vrai dans le corps médical, le plus proche des souffrances humaines. Il propose des saines thérapies pour soulager des p... terrassées...

Notre « carabine » (féminin de « carabin ») résume fort pertinemment : « L'humour a donc une fonction psychique comme moyen de défense contre les difficultés de la réalité et une fonction sociale, non seulement comme transgression des préjugés et des tabous, mais aussi comme outil de communication et "tisseur" de liens sociaux [...] On retrouve donc deux des principaux traits qui font que la contrepèterie est source de plaisir : la technique elle-même, assez élaborée et qui nécessite recherche et inventivité afin d'en produire de nouvelles, et la solution qui, par son aspect grivois ou scatologique représente une transgression des tabous sociaux. [...] De plus, la pratique de la médecine a longtemps représenté une transgression contre les lois de la nature, les préceptes médiévaux de l'Église [...] Il n'est donc pas étonnant que les soignants soient attirés par une forme d'humour à la fois transgression et lutte contre les tabous, telle que la contrepèterie. » Les carabins contrepoètes luttent en rimant.

Il ne faut pas s'étonner si le père fondateur de l'art contrepoétique fut un médecin doublé d'un maître-écrivain fort peu prisé par les autorités politiques et religieuses de son temps, le charitable et truculent humaniste François Rabelais. S'il revenait parmi nous, il serait émerveillé des progrès de la médecine. Il le serait aussi de l'usage que font ses successeurs des vertus cathartiques et thérapeutiques des rejetons de sa vieille femme folle de la messe. S'appuyant sur le fait que le rire[1] améliore la fonction cardiaque, le cœur, le cerveau et le système immunitaire, il ne manquerait pas d'organiser dans son service une structure de soins postopératoires sous forme de soutien psychologique par le Contrepet. Il organiserait des concours de contrepèteries dans l'hôpital, surtout si le moindre pot doit être prescrit. Cela soulagerait et les patients dont les chambres seraient de véritables lices, et les soignants qui, une fois opérés papules qui s'enkystent ou côlons sentant la vinasse, se lâcheraient en délivrant des messages aux infirmières qui quêtent des bistouris

---

1. En témoigne la fameuse *chatouillothérapie* du Dr Letuber, médecin du savant Cosinus, de Christophe [23].

et se reposeraient sur ces bonnes fées soignantes. On peut rêver.

Puisque le contrepet est un rêve éveillé...

Ce chapitre recèle, outre les contrepèteries répertoriées et chastement décryptées, 92 contrepèteries clandestines.

Chapitre IV

LE CONTREPET POUR TOUS.
LUTTE CONTRE LA DYSLEXIE

Voici bientôt dix ans, nous arriva une lettre fort sympathique de la présidente des orthophonistes de l'Essonne : « Cher monsieur, j'ai le plaisir de vous informer que je travaille avec vos livres de contrepèteries enfantines. » Et cette excellente praticienne d'expliquer en substance que ses jeunes patients adorent jouer à déplacer les lettres, surtout quand « ça donne un autre mot qui est dans le dico ». En triturant un mot, en le décomposant, en le disloquant, le petit dyslexique l'aborde difficulté par difficulté. Ce faisant, il trébuche de moins en moins sur ses embûches. En quelque sorte, il apprend à dompter le mot, à l'apprivoiser, à mieux l'entendre, mieux le prononcer et ne plus le confondre avec un mot « presque pareil ». En outre, l'enfant est sensible à la musique du mot, comme il l'est à toute musique. Le mot se met à tinter pour lui comme une petite chanson et soudain lui fait moins peur. Enfin, résoudre la petite énigme que constitue une contrepèterie le fait sourire, le détend, lui donne la fierté d'avoir « gagné » à ce jeu où l'on ne peut pas perdre. Il sort d'une sorte de spirale d'échec, souvent cause – ou conséquence – de troubles du langage. Les mots deviennent ses copains.

Le bon docteur Rabelais se doutait-il que de lointains descendants (édulcorés) de ses géniales antistrophes aideraient un jour des enfants à mieux parler, mieux entendre, mieux comprendre ? Toujours est-il que le contrepéteur met sur le devant de la scène les petites différences des mots « quasi-sosies » puisque ce sont elles qu'il triture, déplace et met à nu. Alors elles ne passent plus inaperçues et, de ce fait, ce qui était confondu, peu à peu ne l'est plus. Le Contrepet agit comme une loupe pointée sur les phonèmes que la contrepèterie envoie (se) balader. Or, ce sont précisément ces phonèmes-là qui tendent des pièges aux infortunés enclins à bredouiller, à bafouiller, à commettre des lapsus. C'est le cas des jeunes dyslexiques. Mais survient le bon docteur Contrepet : triturant les mots, il braque son projecteur agrandisseur sur les phonèmes « piégeux », les force à sortir de la pénombre propice à toutes les impostures. Et de même qu'avec une bonne paire de lunettes, un petit myope ne prendra plus à la nuit tombante un vieux tronc d'arbre pour un monstre menaçant, le petit dyslexique muni de sa loupe à phonèmes ne confondra plus *cadeau* avec *cabot,* ni *cabot* avec *carreau, carreau* avec *barreau, barreau* avec *bateau, bateau* avec *badaud, badaud* avec *cadeau,* tiens on est revenu au point de départ ! Notre présidente orthophoniste mérite le brevet – mais en rêve-t-elle ? – de contrepétothérapeute, tant sa médecine est ludique, sa thérapie joyeuse, ses résultats probants.

Nous renvoyons les lecteurs dubitatifs à un authentique psycholinguiste, spécialiste de la dyslexie à l'École normale supérieure. Nous l'avons côtoyé au sein des colonnes branchées de la rubrique « Questions de lecteurs » de l'excellente revue de vulgarisation scientifique *La Recherche,* à laquelle une lectrice de Bruxelles posait la question suivante :

« Je suis nulle en contrepèteries. Est-ce parce que je suis un peu dyslexique ? »

La réponse parut en janvier 2004 [24] :

« Les contrepèteries sont des jeux de langage, au même titre que le verlan ou les charades. De tels jeux existent dans de nombreuses langues, y compris dans les cultures non lettrées ; ils sont souvent inventés par les enfants. Les contrepèteries peuvent aussi être produites spontanément, par erreur, quand la langue "fourche" [...]. En revanche, la culture de la contrepèterie style *Canard Enchaîné* qui se présente sous forme de devinette dissimulant une phrase grivoise est particulièrement développée en France, où l'on cultive l'art de décaler les sons que débite notre bouche. Les contrepèteries peuvent être extrêmement complexes, donc difficiles à trouver, même si l'on n'est pas dyslexique. Cela dit, il est vrai que les dyslexiques ont des difficultés particulières avec les contrepèteries, car les résoudre nécessite, d'une part, une bonne conscience phonologique (capacité à bien se représenter les sons élémentaires de la parole, les phonèmes et syllabes), et à les manipuler (surtout lorsque les sons sont courts) et, d'autre part, une bonne mémoire verbale à court terme (pour retenir les sons de parole pendant qu'on les recombine). Deux domaines problématiques pour les dyslexiques. D'ailleurs, dans les recherches sur la dyslexie, des substitutions très simples et sans sens particulier (comme échanger à l'oral les sons initiaux de *félin bijou* en *bélin fijou*) sont souvent utilisées pour évaluer les compétences phonologiques des sujets. *Comme pour tout, on peut s'entraîner à trouver les contrepèteries pour bénéficier d'une belle phonation. Ce type de travail prend un intérêt particulier pour les dyslexiques*

dans le cadre d'un entraînement intensif de la cons-
cience phonologique. Il s'agit même d'une démarche
classique utilisée par les orthophonistes pour contri-
buer à rééduquer les enfants dyslexiques (passage mis
en italique par l'auteur de ce livre). Des études ont
en effet montré que les gains obtenus en conscience
phonologique se transfèrent partiellement à la lecture. Et pour cause, une bonne conscience phonologique est un prérequis important pour apprendre les
associations lettres-phonèmes qui constituent la base
de tout système alphabétique. C'est ainsi qu'en se
prêtant aux jeux des questionnaires, on cesse de redouter d'être inepte, à la base. »[1]

Revenons un moment sur cette phrase de Ramus :
« Des études ont en effet montré que les gains obtenus
en conscience phonologique se transfèrent partiellement à la lecture. » Un petit dyslexique qui prend
conscience, à l'oreille, de la différence entre un *bon
calot* et un *long cabot,* arrivera après quelques efforts
à dire plusieurs fois à la file sans se mélanger les
consonnes : « Bon calot, long cabot – Bon calot, long
cabot, etc. » Gageons que l'enfant ne confondra bientôt plus, ni à l'écoute, ni à la lecture, la lettre « l » et la
lettre « b ». Qu'est-ce qu'on dit au bon docteur Contrepet et à sa loupe à phonèmes ? Plus tard, cet ancien
dyslexique contrepètera peut-être « rabelaisien ». Se
souvenant avec émotion des calots, des cabots et du
bal que dansaient les « b » et les « l », il acquerra dans
un premier temps, par conscience phonologique, qu'il

---

1. Franck Ramus, laboratoire de Sciences cognitives et psycholinguistique, EHESS/CNRS/ENS, Paris, parasité par Joël Martin, contrepéteur du *Canard Enchaîné.* Nous laissons au lecteur le soin de
séparer le bon grain linguistique du bon grain parasité.

ne faut pas confondre un ballot avec un labo ni des zébus leurrés avec des z'élus beurrés. Et, menant ses études contrapétiques de concert avec des études d'orthophoniste, il pouffera en s'apercevant que *bon calot* a aussi une solution rabelaisienne...

Mais revenons aux enfants. Un jour, Maël, un de nos petits-fils, alors âgé de trois ans et demi, donne à sa maman un splendide masque qu'il avait fait à l'école. La maman, s'extasie : « Oh ! le beau masque ! » Et Maël de corriger immédiatement : « Non, maman, pas un mot basque, un beau masque ! » Admirable et précoce conscience phonologique ! Gageons que Maël n'aura pas de problèmes de dyslexie.

Pas plus sans doute que n'en auront nos deux plus jeunes filles, Clémence (cinq ans début 2005) et Juliette (trois ans, à la même époque). En effet, elles assimilèrent en se jouant un jeu qu'inventa leur maman, après leur avoir fait écouter la jolie « fabulette » d'Anne Sylvestre :

C'était un petit sapin
Pique pique pi-i-que
C'était un petit sapin
Pique pique bien

Maman avait dans les bras un lapin coquin en peluche et « lui fit chanter » d'une voix malicieuse :

C'était un petit lapin
Pique pique pi-i-que...

« Non ! C'est pas ça ! » rigolèrent les filles.

Maman et Lapin Coquin : « C'était un petit coquin »

Les filles : « Hi ! Hi ! C'est pas ça ! »

Maman et LC : « C'était un petit copain... »

« C'est pas ça ! »

Maman et LC : « C'était un petit sapin... »

« Ouiii ! C'est ça ! »

Lapin Coquin continua ainsi pour le plus grand bonheur de Clémence et de Juliette d'alterner le sapin avec le patin, le satin, le colin, le malin, le marin, le radin, le badin et même le faquin !

Elles ont joué au jeu du sapin copain pendant tout l'été 2004. Nos filles ont peut-être une lourde hérédité, mais surtout l'environnement culturel. Nous confessons en effet avoir peut-être amorcé le processus un beau soir où maman leur lisait *Le crocodile à roulettes,* apologue de Daniel Pennac destiné à montrer aux enfants qu'il ne faut pas courir en sortant de l'école, sinon on se fait avaler par ce crocodile à roues qu'est une automobile. Ce petit livre fait partie de la collection joliment intitulée « Gaffobobo » [25]. Or un jour, nous avons eu l'inconscience de dire : « Baffe au gogo » !

Depuis, il y a de la part de nos filles une forte demande de « carabistouilles », nom générique dont usent ces demoiselles pour désigner ce genre d'exercice. Mieux, Clémence s'y met : le 20 octobre 2004, elle nous dit, tout à trac : « Papa, mon copain Thibault a un bobo. Tu peux faire une carabistouille pisque ça rime ! » Nous nous en tirâmes vaguement en expliquant que parfois, pour dire « petit », on dit 'ti ». Donc on soigne le *'ti bobo* qu'a le *beau Thibault*...

Nos filles courent peu de risques d'être dyslexiques.

Le Contrepet enfantin (et sûrement aussi l'autre) semble donc autant préventif que curatif. Aussi, afin de participer à la lutte contre la dyslexie, nous nous faisons une joie de livrer à tous les parents une petite collection de « carabistouilles » inédites, que l'on peut, selon le vocabulaire déjà acquis, mettre entre toutes les mains, les oreilles et les yeux de 3 à 133 ans. Prudence, malgré tout : quelques cas particuliers amorcent la transition vers Rabelais. Ils sont signalés par un *. Quant aux « grands », ils ont tout le livre pour piocher les exemples aptes à prévenir d'éventuels troubles du langage. Petite sélection.

Le lapin sourd est sous le sapin lourd
Le page a mis le pyjama
Les mots crient dans les micros
Ce beau chien a bien chaud
Ces péquenots crottés ont des croquenots pétés
Galère, la guerre !
Banque postale : poste bancale
On a piraté ma thérapie, vous en pâtirez !
Il marivaudait, ce maudit verrat !
L'agressif a ses griffes
Ce Capulet*** est sain, ce capucin*** est laid
(*Cette cote signale une contrepèterie rabelaisienne – interne – à chacun de ces deux mots*)
Des pépères verts font des pets pervers*

Prénoms

Isabelle hait Basile
Ludivine et Dick : divine et ludique !
Lucette joue avec ses luths
Annette est berlinoise, Arlette est béninoise
« Maudit Nick ! » crie Dominique
Les pièces d'Annie roulent sur les pis d'Agnès*

Mes trots dans le Métro

On m'habille à Mabillon
Je goûte l'apéro à Opéra et un saumon à Monceau

J'ai fait une rencontre d'un jour à Jourdain
Et poussé mes cris à Crimée
La masse plonge Place Monge
Le clochard pissa à Passy

Contrepets bibliques et religieux

Les gens vils ne lisent guère l'évangile
Caïn n'était pas Inca
La Reine de Babylone était bonne, habile
L'amie Sarah habite la Samarie
Jézabel jase et bêle
Salomé disait des mots salés*
Ce Macchabée a mis un mec à bas !
Ces osties semblent... ostensibles

Ne pas confondre

L'existence des juges et l'exigence des Justes
Un moyen doux et un doyen mou
Une peine abrutissante et une brune appétissante*
Un passant mort vieux et un patient morveux
Une frite râpée, une fripe ratée et une rate fripée
Un Basque éreinté et un bar esquinté
Un toboggan et un beau tango
Une cantatrice distraite et une tentatrice discrète*
Cent femmes de Grèce et cent grammes de fesse*
Des tommes aux patates et des pâtes aux tomates
Un coq plein de harissa et un sac plein de haricots
Les mailles du filet et les filles du Malais
Les mots de Marie et les rots de Mamie*
Une mule pétomane et une pute mélomane**
Un général et un râle gêné
L'écolo fécond et les cocos félons
L'écolo félon et les lolos féconds*
Un hôtel marin et un notaire malin

Des canins bien velus et des câlins bienvenus
Du gui dans le rosier et du riz dans le gosier
Un flot de peurs et un pot de fleurs
Une pigiste calligraphe et une graphiste callipyge*
Les actions des régents, les accents des régions***
Des acrostiches et des atroces quiches
Un biquet nu et un cul-bénit*
Une pipette et une pépite
Les potions de Jules et les pulsions de Jo*
Des félins viciés et des vilains fessiers*
Un poulet qui pinte et un poulain qui pète*
Le début du cri, le débit du cru, le débris du ...***
La colle de l'alchimiste et l'alcool de la chimiste
Phosgène et fesse jaune*
L'Oulipo et poule au lit
Un gérant pédiatre et un gériatre pédant
Un gant droit et un grand doigt
Une motte de croûtons et une crotte de mouton

Chers parents, lorsque votre enfant sera devenu un virtuose de la « carabistouille », et cela vient très vite, vous pourrez lui proposer des sortes de petits poèmes comme celui-ci, que nous commîmes pour le Salon du Livre jeunesse de Beaugency, dont le thème était cette année-là : « Grosses machines et p'tits bidules » :

Le salon de ces sons-là
En revenant de Beaugency

Le Salon de Beaugency,
Le Salon de gens si beaux ?
Le ballon de six gens sots ?
Le sabot de Jean, si long ?
Le lasso de Jean si bon ?
Deux cents six jalons si beaux ?

De six cents six beaux joncs, là
Musette antique, musique en tête,
La fête du tout, la tête du fou
Trouvons des bidons sous un pull,
Trouvons des bidules sous un pont.

Terminons ce chapitre sur un fait-divers :

Cent dix lexiques remboursés
à cent dyslexiques rembourrés

Ce chapitre recèle 12 contrepèteries rabelaisiennes.

Chapitre V

CONTREPÈTERIES À THÈMES

Qui n'a jamais rêvé de belles amours ? Sûrement pas le contrepéteur qui les fait jaillir de boules amères. Coureur, il déclarera qu'il vaut mieux avoir une belle foulée qu'une boule fêlée. Une adepte de Sapho qui habite Rouen fréquentera les noces gourmandes. Un adepte des soldes sautera sur les ventes fastes en lisant : *Records mensuels pour décembre.* Ces grands fous sont avides de baisses.

Le Contrepet scrute tous azimuts. Un a*p*iculteur n'a pas peur des *g*rippes mais redoute d'être privé des plaisirs de la *t*erre faute de ru*ch*es car des industriels imposent les *a*ctions (l'*éz*action) de leur *R*égent et tuent avec leur Gau*ch*o (go*ch*os) en crâ*n*ant. Un visiteur du Salon de l'agriculture, ou de jeunes agriculteurs répandent leurs sem*aill*es et se *t*an*c*ent, préfère les pon*d*euses aux ra*p*aces et les *r*ondes *qu*iches aux pauvres cro*qu*ettes à mâcher. La *m*ode, au*s*si, est de la partie avec ce styliste qui se fait plein de *th*unes avec ses pu*ll*s, des bê*t*es pu*ll*s. Un musée montre l'ann*eau* de Tit*us*. Il faut admirer l'ann*eau* du por*trait* ! Le producteur d'une émission, où de faux paysans s'en*ferm*ent dans la *Manch*e et picorent avant de *l*utter, s'entend dire : « Votre *f*erme doit être in*sp*ectée ! », tandis que des Ib*ér*iques cassent la « *St*ar Ac' ». Sur France Infos, un expert, dont la *b*êche est pleine de *fl*eurs, conseille aux botanistes en herbe de « sécher les péta*le*s. » Tant que le bac n'est pas clos, le rectorat formule ainsi ses directives : « Distinguer les *c*ancres des tri*ch*eurs. *C*asser les tri*ch*eurs venant de cla*ss*es remplies de cra*ck*s et prendre le p*ou*ls des phil*o*. » Le père des Shadoks tire sa révérence, et l'on peut lire le lendemain : « Des *Sha*doks maniant mal l'*épé*e ne po*m*paient pas les *c*a*le*s mais aspiraient à la *ton*te des *Gi*bis. » Voyant ses pu*b*s couvertes de *t*ags, la RATP craint le *t*arissement des pu*b*s. L'EDF en instance de privatisation exhibe des *c*â*b*les misér*eu*x. On célèbre le Débarquement en ressuscitant quelques *m*ythes « *b*oches » et en introduisant de vieux *c*a*b*ots dans des *for*tins. Mais aucun *c*alot *s*ouillé. Le 14 juillet, on est attiré par le *s*on des péta*r*ds. Au Vatican, on fustige les lai*d*eurs des pé*ch*és, mais à Pâques, on déguste les /*œu*fs des *c*adeaux. À la Fête de la Musique, des râ*l*euses aux beaux *p*olos trouvent que les *ch*œurs ne sont pas *b*ons. À Disneyland, les f*ée*s sont excit*ant*es. Dans certains cercles intellos, s'étalent des *d*ébats de ra*s*euses. Au Jockey-Club, certains *m*ondains dérangent : des *m*ondains *r*âlent. Le maire de Bègles unit deux d*ou*x m*a*riés. Et voilà que le Contrepet s'étend à toute l'Europe : en Espagne, Zapatero mange zéro tapa. En Grèce, où partout dans les stades on marche sur des *t*races de foot/, on dresse des pa*nn*eaux pour les *J*eux et un organisateur exige un beau train pour Le Pir*é*e-Ath*è*n*es (le pi*rr*er à te*n*e). *L*ettons pi*t*eux, *T*eu*t*ons licenci*é*s, *F*innois bou*ch*és, *V*er*t*s *b*el*g*es, toutes les parties du vieux continent subissent les *l*uttes d'Eu*r*ope (de *r*opes).

Tout, partout, relève du Contrepet. Nous avons vu à la fin du chapitre III ses applications à la médecine. Et avec les médecins, on ne manque ni de maths ni de chimie. Vous avez dit « chimie » ? Bon sang mais c'est bien sûr : la chimie, c'est du Contrepet de particules, et le Contrepet, c'est de la chimie des mots puisqu'une réaction chimique transfère des électrons, alors qu'une contrepèterie transfère les sons. Contrepet et chimie proches parents ? Tentons de convaincre les sceptiques avec une réaction d'oxydoréduction dans laquelle le fer est oxydé (son atome perd un électron) et le cuivre est réduit (son atome gagne un électron). Cette réaction se décompose en deux étapes :

$$Fe^{2+} \rightarrow Fe^{3+} + 1 \ e^-$$

$$Cu^{2+} + 1 \ e^- \rightarrow Cu^+$$

Bilan : $Fe^{2+} + Cu^{2+} \rightarrow Fe^{3+} + Cu^+$.

Traduit en langage de chimiste, cette réaction s'écrit ainsi :

Ion ferr*eux* + ion cuivr*ique*
→ ion ferr*ique* + ion cuivr*eux*.

N'est-ce pas une jolie contrepèterie, monsieur le Professeur ?

Le théâtre aussi est une terre d'élection pour qui aime décaler les sons. En témoigne le titre d'une comédie qu'écrivit le vrai Cyrano de Bergerac : *Le Pédant joué*. Mais la complicité va bien au-delà. Ainsi, les déplacements sur scène des comédiens sont méticuleusement réglés pour aider à l'intelligence du texte. Or, sous ce texte est souvent tapi un *sous-texte,* que les acteurs rendent palpable par leur jeu, aidant ainsi le spectateur à bien ouïr. Ainsi lorsqu'un personnage tendu demande à sa partenaire : « Veux-tu du thé ? », il fait sentir qu'il grommelle intérieurement : « Puisse ce thé t'étouffer ! » (à moins qu'il ne lui fasse prendre son *thé* avec des exci*pi*ents). Dans un vaudeville, par exemple, ce non-dit transparent fait pouffer le spectateur. Le parallèle avec le Contrepet s'impose : les déplacements de lettres méticuleusement réglés rendent intelligible le sous-texte d'une contrepèterie, sa face cachée, ce non-dit, dont la découverte déclenche l'hilarité. Le Contrepet rejoint en cela la *commedia dell'arte* : un Arlequin masqué fait rire avec ses mots, un contrepet fait rire avec ses mots masqués, ses mots qu'il a masqués du plus petit des masques : le nez rouge. Le contrepéteur est un clown des mots (et non un clone des mous).

Si cette vitrine vous a ouvert l'appétit, chers lecteurs, poussez la porte du magasin des thèmes contrepétulants. Vous en découvrirez à chaque rayon. Et pour recueillir les fruits des baisses qu'a suscitées Sarkozy, on détaxe les rayons...

Journalisme, actualité (voir aussi le chapitre VI)

Avignon, été 2003. Des intermittents du spectacle *vi*goureux et si*len*cieux demandent au ministre de la Culture de l'époque, Aillagon, qui *c*ause devant un *p*ont célèbre, de faciliter l'insertion des « *p*otes qui ra*m*ent ». Un manifestant se gausse : « Vous pensez qu'il mérite le dé*c*lassement, ce *p*ont ? » L'entretien dér*aill*e et à plusieurs reprises le ministre est cou*p*é. La *pr*esse est bien *f*aite. Commentaire : « Croyez-vous qu'Elsa Triolet se serait passionnée pour les cou*r*s d'A*ill*agon ? » Voilà une journaliste qui comble les *c*reux de l'ét/*é*, damant le pion à certains *ch*roniqueurs *b*adauds dont le *N*agra sent le ca*v*iar. Pressés par leur rédactrice en chef (elle boucle l'édito) qui cherche des ty*p*es pour faire des pi*g*es, ils mi*n*ent les infos (les *z*'ymphos) avec des bo*b*ards bien ca*d*rés.

Mais, comme l'écrit Jacques Antel, ils savent *fou*rrer plein de *ti*tres :

Raffarin *m*iné à *P*oitiers
Sarkozy *p*einard avec les filles à *v*oile
Des gens du *Monde a*cculés par un p*am*phlet

La politique

Ces candidats s'emp*être*nt et se font m*al*
Voilà des *v*otes au goût de *M*anille !
Sarkozy veut voir *cou*ler ce *Fi*llon
Les UMP : sains députés (*c'in* des put*és*) !
Gare aux pratiques ana*rs* dans les *l*uttes !
Le Pen : « Ma*r*ine est *p*osée ! »
Chirac a rarement *rom*pu avec sa /bière
Cette /urne dégage une odeur *b*anale

Le droit et l'éthique

La prévenue avait plein de cig*uë* dans son c*ar*
Le notaire de retour retrouve ses *ch*ers *ch*ients
En*tra*înez d'abord les forçats qui *ch*iquent
Le ripou /masqué s'est fait *dé*mettre
Les con*d*amnés fuient le *V*ar
Ces *f*aillis provoquent parfois le *s*ourire
Ces voyous nous ont enf*um*és avant de fi*l*er !
Cette fille aux beaux *p*olos en a roulé des *L*atins !

Fonds et rentes

Exerçant son *f*lair sur la *b*aisse...
... ce financier se fait des *g*ains coqu*e*ts (coqu*ays*)
.... mais il s'est retrouvé *f*ailli, en *s*oirée
Ceux qui dép*en*sent leurs crédits seront *a*cculés
Atta*qu*ons ceux qui tri*ch*ent !
Titre : « Pluie de *d*ollars dans le *P*erche »

Marquise, vos fils héritent !
Ce spéculateur achète derrière les banquiers

Le quotidien

Maman caresse les bajoues de papy...
Ce Paul hautain (polotin) me dépasse
Mon Armand n'est pas A/dam
Joseph a déridé Manu
L'ANPE a chassé un licencié de Fécamp
Ce pauvre diable trimait sans compter
Les longs pieds font parfois pouffer !
Oh, des pubs couvertes de tags !

Tonnes de bouffe et plein de vins aussi

Ce cabernet sent l'amide
Oh, la fine est planquée (epplanquée) !
Ce fêtard gît : il a trop trinqué !
Horace a renversé plein de pouilly sur Sabine
L'Orne produit beaucoup de pommeau
Patron, votre pêche est trop flétrie !
Cette piaule regorge de morgon
Les « G8 » (les jé/huites) rêvent de Bocuse

La nature

Rêvons d'un joli globe fleuri par des z'aïeuls
Quelles friches, mémères !
Le fabricant d'OGM exhibe un melon conique
Cette binette sent l'aneth
Cette grincheuse a un grand troupeau
Ce volailler fou baignait ses poules
Votre pain a une forte odeur de résine
Le miel coule à flots dans le Finistère
Ce fermier a sali son bob en tombant dans la glaise

Loisirs, tourisme

Que *g*oûtez-vous dans ce con*f*luent ?
La fille de cuisine expose son *c*a*s* à la pl*o*n*g*e
Le plagiste a attrapé des *g*osses à La *B*aule
Ce *b*roussard rêve de *F*ez
Cette hôte*ss*e propose de jolis péta*l*es
Cette touriste a subi de grosses p*e*ines en S*y*rie
Gare ! Un *lam*pion est tombé sur l'a*mor*ce !
Brocéliande : on voit des *l*utins sce*p*tiques
(Méfiez-vous des *l*utins qui *p*ouffent !)

Sports (balles et shoots)

Ce p*r*o est plein de t*/*ics
Étonnantes, les f*r*esques de ce vieux p*a*ddock
Les visiteurs dénigrent le foot*/* des aut*r*es (hôt*r*es)
Cette dégoûtante n'arrête pas de *p*éter au *t*ennis...
... Mais elle *c*rie dès qu'on touche à sa */*raquette
L'entraîneur *col*le au *pelot*on
L'entraîneur cherche des *p*atins pour les *k*inés
Quand l'apprenti jockey fut enfin *la*d, elle *r*espira

Autos abîmées, soucis et radars

La fille du garagiste */*répare les *p*neus
Le monde est parcouru par des milli*o*ns de c*a*rs
Pub : « D*eux* heures de p*i*lotage »
Cet a*via*teur transporte du *fret* gras
Les marquises *dans*ent en ca*lèch*e
Ce ca*p*ot est plein de *v*is
Les *p*neus */*hululent et les v*oi*es c*r*issent
On les tira de leur P*eu*geot pour examiner leur c*a*s

Marine et pêche

Ce vieux marin *ch*ique en crâ*n*ant
C'est quoi, ces traces de *r*ouille sur votre *q*uai ?

94

Il a vite coulé, le *b*outre de ce *F*ranck !
Le *l*ougre du *b*êcheur a *p*enché dans le *fl*ot
Aïe ! Mes gén*oi*s *ti*rent !
Ce cal*m*ar sent la vieille *b*otte !
Le bosco bla*gu*e les *m*ousses
Cette *p*êcheuse pi*l*euse avait un célè*b*re as*ti*cot

Commerce (la pub dans tous ses états)

Voilà une co*ll*e bienve*n*ue !
Ce tatoueur en a dé*si*ré, des *co*quettes !
Cette bijoutière s'en*ti*che des sa*ph*irs !
Les buralistes râlent quand on ta*x*e leurs sè*ch*es
Si t'as besoin d'un é*c*u, vends ton *l*umignon !
Côté *b*ou*ff*e, quand il est *p*aré...
... le chef de chantier b*r*aise dans les app/entis
Ce *gross*iste a un *sol*ex. Sa pu*b* étonne !

La mode aussi

Voici de jolies ca*p*es pour la *Ch*ine
Ça, un *p*oncho ? C'est une lo*qu*e !
Encore des *s*ouillons à *c*oiffer !
Que voici des péd*an*ts bien fringu*é*s !
Des « *t*op » fuyant les câ*l*ins...
... se font *p*r*i*ser dans les boîtes de *m*ode
Une co*p*ine tri*c*ote...
... ses *p*olos en faisant de drôles de *l*ippes...
... au facteur plein de *f*ric en *t*ournée

Scène et écran

Fanny est é*p*atée par ce gros *P*anisse
Ce comique a l'h*u*mour en pl*a*ce
Ah ! ces intermittents qui *m*iment en plein so*l*eil !
La vieille star a des fl*a*tteurs qui s'aff*o*lent
Cette starlette a été *b*risée par un *m*etteur...

... *en* scène qui l'a écrasée sous un énorme gl*obe*
Ce figurant *l*utte mieux quand il est sans suai*re*
Ce cabot décla*me* qu'il adore les *r*iches
Cette débutante *c*afouille devant les *B*eckett

Photo, peinture, sculpture

Toulouse-Lautrec, quel *n*ain et quel pi*tre* !
L'accessoiriste frotte le cli*ché* d'une vieille pho*to*
Ce Souti*ne* (sous-ti*nn*) est plein de *f*eu (*f*œuds)
Quelle jolie v*ue*, S*i*sley (jolis v*uts*, s*ice*-les) !
Les *t*oiles bien *p*ropagées de Ma*g*ritte sont *b*elles
L'évêché est rempli de cli*chés* ca*tho*s
La bijoutière flamande montrait ses p*inc*es à rub*is*
Ce *peintre fou* a requis une p*a*lette sur le p*ouf*
Le peintre *b*igot (*B*igault) ne rêvait que de *r*ites

Musique

Ce *b*atteur adore *Les filles de Ca*m*aret*
Ce vieux *V*ian n'arrêtait pas de *ch*anter !
Cette fille a de sacrés *s*olos et elle al*l*ume !
Ça va être *f*aux si tu appuies sur cette tou*che*
Cette *nai*ne folle d'é*pi*nette (des *pi*nettes)...
... a *d*û apprécier mon Cou*p*erin
Ce s*a*x est plein d'é*l*an
L'accessoiriste avait une b*o*tte d'Au*r*ic

Littérature

*Quat*r*ain* c/oté
La *mus*e nous ha*bit*e
On *r*ime en siff*l*otant
Les ver*b*es nous a*g*itent
On *v*it mieux en *ch*antant

Mowgli fut-il em*b*allé par ce gros *fi*lou ?
Chez Drouant : « Quel *c*ru, et quel *G*oncourt ! »
Les jurés *l*isent avant de *pr*imer
Des péd*a*nts passionn*és*...
... se *v*exent (se vecsent) et prennent la *pa*role...
... Ils *c*afouillent en parlant d'U*b*u

Histoire

Ces petits se*rf*s (se*r*es)ont provoqué des ri*x*es
La *br*ute se cam*p*a devant le pa*g*e que l'on vit *f*uté
Il fallait voir comment s'accou*d*ait ce *pl*anton...
... devant des *p*opulations de tricoteuses !
*Vari*ations *fêl*ées : Le cuisinier d'Henri III tri*m*ait
pour ses *qu*ignons : « Sire, voici des *qu*ignons pour
votre *m*enu ! » Le roi prenait plein de *qu*ignons et
s'en a*m*usait. Il prenait trop de *m*enus et s'en
a*c*cusait. Il a pris trois *qu*ignons, et deux *m*atins
de suite, *m*ouillant trop ses *qu*ignons et *m*âchant
peu ses *qu*iches.

Géographie, ethnologie

Cet ethnologue connaît bien le *g*oût des *B*eys
Ce tenancier propose sa *g*ou*t*te aux *Bi*rmans
Ce Sikh mas*tiqu*e en t*urb*an
Il n'y a pas de méga*l*ithes à *B*angui (a*b*anguies)
Ces *P*euls ont belle *m*ine et des *Z*oulous bê*l*ent
Cette experte en *p*opulations a l'air assez *c*ool
Cette ra*s*euse parle mal des *D*OM (*d'*hommes)
Ce pêcheur a reçu une *p*agaie sur ses rou*ss*ettes

Science

Ce *m*aillon est *coû*teux
On en a vu, des génies *b*oire pendant cette *th*èse !
Il *fut* mou, ce vieux *chi*miste !

L'astronome parle de Sa*t*urne en faisant sa pu*b*
Ne lou*ch*ez pas sur nos *f*ibres !
Ces internautes s'emmê*l*ent en se raccor*d*ant
L'informaticienne a *pré*vu plein de /*p*uces
L'archéologue rêve des *f*ouilles de *C*osnes

Les animaux, nos amis

Un peu *g*rêle, cette *f*ouine !
Cette ra*p*ace n'est pas une bonne pon*d*euse
Ce *n*igaud refuse de caresser mes *b*ichons !
Ce gros porc dé*truit* la *flore*
Oh ! un petit bé*b*é entre les *z'*ours !
Ce myope distingue mal la m*u*le de la m*ou*ette
Ces gros lo*m*brics ont d'énormes b*u*bons
Oh ! des traces de *d*aim sur votre *v*errière !
C'est plein de *g*rizzlys dans ce con*f*luent !
      (*g*riselis dans ce c.. *f*luant)

Psychiatrie, psychanalyse

Cette psy a toujours rêvé de faire tri*m*er La*c*an
Cette *c*am*p*euse parle souvent de La*p*on*s*
Ce spécialiste de l'on*i*risme doit être v*a*nné !
Les psy savent comment les *m*ythos s'en*cl*enchent
La psy recueille la sem*o*n*c*e de ses patie*n*ts
Quelle *t*ruculente *c*inglée !
Docteur, vous êtes trop *b*on pour me *l*éser !
– Ceux qui parlent de *signifiant* sont é*c*ulés !
– Ceux qui parlent de *signifié* sont péd*an*ts !

Médecine

Oh ! le *dr*ain *s*ue !
Y a des *t*ypes qui *p*uent !
Que font les *p*on*t*es aux gros têt*u*s ?
Ce *c*arabin s'est mis dans un mauvais /*c*as

Les tr*ai*ts (l'étr*è*) se relâchent dès qu'on p*on*te
Ce petit chétif est très sourd
L'infirmière chef contrôle l'éta*ge* des verr*/*es
Ce p*o*tard est avide de câ*l*ins

Religion

Le pape distingue mal la nu*que* des *s*uisses
Ce ra*bb*in manque de p*èze*
Ce bon p*ère* se livre aux plaisirs de la ch*ope*
Les c*u*ltes écossais cachent de sacrés *ri*tes
Les imams ont un problème de *f*oi en (*n'*)eux
Cette nonne était *c*rainte et refusait sa *s*oupe
Apocalypse : re*ve*rs de *l'An*ge : la Bête en p*i*ste
Sarkozy est *t*oqué de la Bi*bl*e

Militaires

L'attachée militaire a tiré le *p*lan du *g*ros consul
Cette *p*einarde ne craint pas les pa*t*rouilles
Ces com*b*ats nous a*g*ressent
La ministre *f*adasse présente deux forter*e*sses
Le *bi*don d'Achille n'a jamais été dans la *ten*te
Le vieux li*b*érateur se fait malen*t*endant
Ce légionnaire prête sa *b*êche aux *fl*ics
Cette *Th*ibaude a *r*até la b*enn*e du mili*t*aire

Chapitre VI

L'ABUS DES ÉLITES
(Le Contrepet libertaire, satirique, chansonnier)

Roger Fressoz, ancien directeur du *Canard En-chaîné,* dans lequel il signait « André Ribaud », résumait ainsi la fonction du volatile : « C'est le fou du roi et le garde-fou de la République. »

Cette formule dit tout de la puissance citoyenne du *Canard.* Quiconque est tenté par la magouille, le passe-droit, l'abus de pouvoir ou la prévarication, sait qu'il lui peut tomber dessus à tout moment cette épée de Damoclès qu'est un article du célèbre hebdomadaire satirique. Il sait que la rigueur de l'information alliée à la force de la satire peut avoir des effets dévastateurs sur sa carrière. La peur du *Canard* est le commencement de la sagesse.

Tout naturellement, la contrepèterie, qui livre à sa manière les dessous de la politique, a sa place dans les colonnes branchées du volatile. Page 7, en bas à gauche, à côté du beauf' de Cabu, *L'Album de la Comtesse* délivre ses petits messages. Des messages pour la base, loin de l'abus des élites. La France d'en bas voit le roi tout nu, s'en amuse et le tient à l'œil.

Dans « *L'Album de la Comtesse,* recueil de contrepets curieux et délectables parus dans Le *Canard Enchaîné* entre la deuxième et la troisième guerre mondiale » (Pauvert, 1967), Luc Étienne présentait ainsi les contrepets de la Comtesse, introduite en 1951 par « Yvan Audouard, ce Jupiter tonnant, entonnant, détonnant » :

« Il y a artifice et il y a déflagration : une phrase ne saurait mériter le noble nom de *contrepèterie* si son sens caché n'était pas subversif en quelque manière ; elle doit faire la nique aux pouvoirs, brocarder les corps constitués, se gausser des puissants, rire au nez des hypocrites, tirer la langue à la Morale traditionnelle, poser des pétards sous les jupes de la Vertu. »

Et notre bon maître de poursuivre : « Que la Comtesse ait trouvé bon accueil chez ce volatile essentiellement irrespectueux qu'est le *Canard Enchaîné,* nul ne songera à s'en étonner [...] le Contrepet est une *école d'irrespect.* »

Libertaire antidote contre la pensée unique, le contrepet « chansonnier » d'actualité est le digne successeur des saillies du « fou du roi ». Ce bouffon a toujours été dans l'attente de la Comtesse et le *Canard* est sa parfaite région d'élection. La belle aristocrate qui comble les lecteurs – elle met le feu en eux – officie depuis plus d'un demi-siècle, et cette flamme n'a pas fini de relever toutes sortes de gants. La Comtesse a à son actif des myriades de contrepets, et des kyrielles d'explosions de rire. Il n'est que d'observer certains voyageurs le mercredi matin dans les transports en commun : les secousses de leurs épaules révèlent leur jubilation intime. Ils décryptent l'« Album » de la semaine. Il faut dire que le citoyen-lecteur y trouve de quoi rire de puissants dont les manquements à l'éthique, à l'environnement, à la sécurité publique l'indignent au point qu'il risquerait l'infarctus si le Contrepet ne jouait son rôle salutaire de soupape.

En 1967, Luc Étienne publie donc chez Pauvert *L'Album de la Comtesse,* premier tome des pensées de la Comtesse (période 1951-1967). De délicieuses vignettes l'illustrent. Elles sont d'Henri Monier, qui fut Comtesse et transmit la flamme à Luc Étienne. Ce volume regorge de cour*g*es ver*t*es, de *t*entes à *f*oison, de *b*uttes de *P*ologne, de ch*u*tes ress*a*ssées, de *n*oms bien *c*otés. Voici entre autres bijoux :

Le Général est arrivé à *p*ied par la *Ch*ine
Le *p*lan de *G*aulle a fendu le *cœur* de Mass*u*
L'A*f*rique est dans l'a*tt*ente
Ce bougre de Sal*an* est un vieux fort b*eau*
Cette jeune fille ha*b*i*t*e la *Somm*e
Ma femme secoue les *m*ites de mes ha*b*its

Ce recueil s'achève par une élégie sublime « Les Plaintes d'une *f*emme *d*éçue », que tout contrepéteur devrait apprendre par cœur...

Treize ans plus tard, les contrepets se sont tant accumulés qu'un second recueil s'impose. Ce sera *Le nouvel album de La Comtesse,* paru chez Stock en 1979. Luc Étienne puissamment aidé par Jacques Antel a réuni mille contrepèteries que la Comtesse a distillées entre 1967 et 1979. Succulents millésimes et reflets de l'Histoire : on évoque l'épique ONU (les pi*qu*es au *n*u), Brejnev enfile l'ann*eau* de Tit*us,* Nixon parle d'un *p*as vers la *Ch*ine, sera-ce un com*p*romis *t*uant ? Khadafi élève ses fi*l*s dans le dés*ert*, et Golda Meir qui ne veut pas d'un *ch*ar à Sa*d*ate apprécie le gu*i*de M*o*shé. Pompidou fait bâ*ill*er des pairs de Cou*v*e, et Giscard aime toujours et *enc*ore se faire *ad*uler. On y découvre un inventaire à la Prévert : l'*u*nion des C*o*rées, des *b*ibles a*nn*otées, un abbé qui *l*it en *ch*aire, trois min*ut*es pour la p*aix*, un a*v*a*r*e de

*Mou*gins, un *p*ortillon de *t*oile, des *m*elons dans des *f*riches, un pé*ch*é *d*'Armand et cette invite de la Comtesse : « *R*eculez-vous sous mon *han*gar ! ».

Cinq ans plus tard, la Comtesse pleure son chantre virtuose. Le 28 novembre 1984, Luc Étienne tire sa révérence pour s'en aller peut-être apprendre l'irrévérence aux anges dont on ne peut affirmer qu'ils sont dépourvus de sexe, mais dont il aimait tant les **ail***es* **fant***astiques*. Luc aura eu le temps de passer le flambeau au rédacteur de ces lignes, lequel, depuis vingt ans, ranime chaque semaine avec l'aide de fidèles lecteurs, *le f*eu *devant lequel nul ne s'e*nn*uie*.

Et en 1988, paraît chez Albin Michel le 3e tome de *L'album* (période 1979-1987), riche de 2 300 contrepèteries canardesques, plus 500 inédites. Yvan Audouard le préface, tous les dessinateurs du *Canard* d'alors, Cabu, Cardon, Delambre, Escaro, Guiraud, Kerleroux, Pancho et Wozniak donnent 70 dessins inédits et Alain Grandrémy livre ses psychanalytiques pensées : *La Comtesse visitée par l'âme de Lacan* (ne pas confondre avec le poète Racan, 1589-1670, Racan était lisible !). La Comtesse y réécrit l'Histoire à sa manière et les G*r*ands pu*l*ulent : Chaban a déra*p*é au *t*ennis ; Giscard, qui saute allègrement de la cha*ss*e aux fê*t*es (il a des traces de *c*ailles sur son b*l*ou*s*on), revient de Centre-Afrique avec des dia*pos* plein les *man*ches et cherche encore à se faire *c*oter, l'a*ff*reux, mais l'A*f*rique a du mal à sortir du *t*roc ; Ce *B*arre n'est pas un *d*onneur : pas d'ex*c*u*s*e pour ce gros *ta*s ! Bigeard est indéc*i*s quand il p*en*se ; Mitterrand, qui agu*ich*e les ma*ss*es, ne met pas le *f*eu dans la *N*ièvre et impose son *u*nion par la R*o*se ; Delors a un *p*lan dégressif et relève le g*/*ant dans le b*l*ocage ; Fabius n'a pas le *ti*f très a*ppa*rent et Chirac s'appuie sur ses *s*euls *m*inistres ; Gorbatchev et Reagan aux *bâ*ches pleines de *mi*ssiles se dé*ch*irent et se *l*èsent ; *l'*Irak n'a qu'une petite *ch*ance ; Margaret Thatcher soupire : « J'ai mal à l'*U*nion quand il ment, K*o*hl *!* » Ah ! les *ma*sses *gro*mmellent ! Hors politique, le sp*ort* reste f*erme* au box-office de *L'album,* avec plein de *foo*t *ru*gueux, mais Monaco, c'est aussi une gross*esse* princi*ère* et un prince régn*ant* qui est une grosse t*ê*te. Les pin/*è*des croulent sur des *t*entes pleines de *fu*meurs, les *cl*oches se vident aux *P*âques et les filles de Ca*m*aret aux jolies *b*ottes se penchent sur la *ton*te des bre*bis*...

Il n'y aura pas de quatrième tome, car en ce XXe siècle finissant, les contrepets ont fusé par milliers. Nous avons extrait de cette manne les contrepets qui nous semblaient les plus aptes à édifier *L'album de la Contes*T*e,* recueil de fausses vraies lettres administratives bourrées d'équivoques et riche de plus de trois mille contrepèteries.

Toujours est-il qu'en un peu plus d'un demi-siècle, La Comtesse sous ses quatre avatars successifs : Yvan Audouard, Henri Monier, Luc Étienne (rejoint par Jacques Antel) et l'auteur de ces lignes aura, en à peine plus d'un demi-siècle, enrichi le patrimoine de 25 000 contrepèteries.

Nous n'aurons garde d'oublier le cinquième élément, fidèle, amical, persévérant, et d'une constante fécondité : LE LECTEUR. Semaine après semaine, d'innombrables fidèles de l' « Album » envoient au *Canard* des « f/ictions de leur c*r*u que la Comtesse rec*en*se avant de les br*û*ler. » De qui est cette splendide formulation de la symbiose unique entre les lecteurs d'un journal unique et l'unique rubrique régulière de Contrepet de toute la presse mondiale (cocorico !) ? Vous avez deviné : c'est du pur Luc

Étienne. En vingt ans de « Comtessat », nous avons reçu, en moyenne, une lettre par jour, avec bien souvent de purs joyaux. Il faudrait une bonne dizaine de « Que sais-je ? » (mais les PUF sont bonnes hôtesses) pour livrer la totalité de l'apport des lecteurs du volatile. Pour symboliser LE LECTEUR, le choix est difficile tant nos complices sont talentueux. Comment choisir entre Cécile, la clarinettiste, Patrick, le grand ORL du CHU de Marseille, Laurent, l'informaticien motard dont les cartes de visite s'ornent de cette merveilleuse raison sociale : « L'agent Verbois », Jean-Paul, célèbre critique de cinéma, Léo le jazzman, Rémi, Laurent, René, Daniel, Gérard, Gilles, Yvan ou Sylvain, les musiciens de l'orchestre d'Harmonie où nous sévissons, Serge, Ghislaine, Marc, Bernard et tant d'autres ? Il faut nous décider. Notre choix se porte sur un lecteur de Guéret, fidèle d'entre les fidèles et d'une impressionnante originalité dans ses trouvailles. Depuis dix ans, chaque semaine à quelques exceptions près, au moins une de ses contrepèteries figure dans l'*Album*. Pour la première fois, la Comtesse déroge à la sacro-sainte règle de l'anonymat des fournisseurs de son Album. Ce contrepèteur né s'appelle Franck Jeannetaud, il touche et habite le fond de la Creuse, et ses contrepèteries sont de toute beauté. Citons, parmi les plus récentes :

La jeune œnologue a *fi*gé l'a*pp*ellation
BHL est in*s*olent quand il bro*d*e...
... et veut qu'on le *l*ise *m*assivement
Le ministre Gay*mard* caresse un braque*/*

Et voici, à ses yeux la plus belle, nous ne sommes pas loin de partager ce sentiment : « Je vais dr*ess*er votre Gonz*agu*e *!* »

Plongeant droit dans le XXIe siècle, la dernière partie de ce chapitre entraîne le lecteur dans les coin-coins de l'*Album* des années 2003-2004. On y trouve du beau linge, mais pas toujours immaculé. Les vedettes du quinquennat 2002-2007 sont Chichi et sa Bernie, Sarko et Cécilia, Raffarin et sa gouvernance sans fêtes, un malheureux perdant qui ne sait plus communiquer, Juppé, un grognon sous le feu de juges qui l'ouïssent, rustre qui fait mal aux potes et n'est plus présent dans aucune élection, mais aussi le PDG (bien né) de Total, son *Erika,* et son usine AZF. L'*Album* dégonfle les baudruches qu'il épingle, les importants, les courtisans, les poulets à bavures. Mais il est indulgent au petit juge (ce n'est pas un vil magistrat) tapi dans des recoins du Palais de Justice dans l'attente de hauts personnages dont l'immunité aura atteint la date de péremption. Et puisque l'un d'entre eux, dont l'aimable voix sent l'anisette, a été récemment sauvé de cette fâcheuse occurrence par le gong d'une élection sénatoriale fort opportune, offrons-nous un petit « amuse-gueule » en revenant sur ce feuilleton tragi-comique par le truchement de *L'Album.*

Chirac l'ai*M*e-t-il encore, ce vieux *CH*arles ?

Pasqua sans *b*ut a des problèmes de Chy*p*re (et de p*r*êts imp/udents). Il cou*r*t après une é*l*ection car il craint de finir *fêl*é après une *incarcér*ation. Sarko et Villepin se *g*rouillent et Raffarin en*c*aisse. Nicolas néglige la sem*on*ce de ses collègues qu'il écrase de son tal*en*t et vise l'o*r* de Juppé en surestimant sa ca*gn*otte (22 septembre 2004).

Huit jours plus tard, Monsieur Charles a retrouvé son siège de sénateur à la demi-surprise des observa-

*teurs (*Libé *du 29 septembre titre :* « Pasqua repris de justesse » *sans évoquer ses problèmes de fils) et au grand soulagement de certains « amis ».* Élu et *m*assif, ce gros man*g*eur de Pasqua évite la *t*aule, soulageant un Villepin qui *r*ime sans avoir jamais connu l'é*l*ection, mais pas Sarko *r*ageant (*r'*agent) de cette élection : le vieux *Ch*arles dont il a ravi la *m*airie ne dé*n*oncera pas Chirac qu'il ne peut plus pi*ff*er. Il ne se dé*c*ide pas à parler de *r*apines...

Mais l'action de la justice n'est pas pour autant éteinte. Un fils de Pasqua se terre en Tunisie. Un certain Falcone, marchand d'armes, évite prudemment l'Hexagone, bien que cuirassé d'une « mission diplomatique » angolaise. Un des vieux amis de M. Charles, l'ancien préfet Marchiani, croupit sur la paille humide. Y a-t-il de la « balance » dans l'air ? Inquiétude dans les officines. Voici ce que, le 6 octobre 2004, la Comtesse suppute sans faire la pause :

Les *M*alheurs du vieux *CH*arles

Pasqua, au f*i*ls (aux f*i*sses) rêvant de B*ey*routh, arrose tous azimuts avec les *z'*armes de son *l*obby. Son fils fou de b*r*aise en a acquis l'habit/*u*de. Niant avoir été trei*ze ans* avec les *Con*golais, Marchiani lâché délivre des m*essages et rêve de p*l*aider (plédés) sans prendre de g/*ants. Tous s'en pa*r*lent sans f/*in.

Mais l'abus des élites n'est pas que politique. Elle est médiatique, sportive, environnementale...

La firme Total, dont les bénéfices se comptent par milliards, fait des économies de bouts de chandelles sur ses « tankers » et sur la sécurité. Sa poubelle des mers, l'*Erika,* pollue des centaines de kilomètres de côtes. Son usine AZF explose, ruine et tue. Les responsables courent toujours, et leurs portefeuilles boursiers prospèrent. Le Français d'en bas s'étrangle de rage impuissante. Mais il se rassérène en lisant dans son hebdomadaire favori :

Fonds mal déChlorés et Packs déCLassés

Traînant sur l'*arrière* du dé*pôt*, des gens d'AZF ni*tr*és jusqu'au *c*ou ont trempé leurs *g/*ants dans trop de ch*l*ore, sans le bon *v*êtement pour le *tr*i. Évaluant les *ex*traits de leurs s*ac*s, des enqu*ê*teurs amb*ul*ants ont vu en *te*stant qu'ils n'épongeaient pas les *par*ticules (12 février 2003).

Parfois, l'*Album* se mue en carnet rose en évoquant, par exemple, les frasques du prince Charles las d'a*m*user des *b*onniches et qui joue avec les *v*oiles de son *p*alais.

Du rose au vert. La Comtesse, éprise d'équité, ne brocarde pas que les partis de gouvernement. Ainsi, le 15 janvier 2003, elle se gausse du combat des chefs du principal parti écologiste où beaucoup de candidats sont présents dans les luttes : Gilles Lemaire, élu président (ce jules est friand d'anis), Yves Cochet, conseiller municipal à Paris, Dany (Daniel) Cohn-Bendit, député européen, et Noël Mamère, député-maire de Bègles :

« Les Verts se sont cal*m*és malgré les fortes di*ss*ensions de leurs membres et les *v*otes se perdent dans les cr*i*s (la deuxième contrepèterie est de Luc Étienne) : "Quel *v*ert, am*i* ! Quel noble b*u*t a ce G*i*lles !" Un Coch*et* exhibe sa *c*on*q*uête, Dany, friand de f*ê*tes, caresse une belle *t*ig*n*asse en taisant la pub de "Le*m*ère, Mâ*con*". »

Lequel Mamère célèbrera un an plus tard le premier « mariage gay ». La Comtesse prête alors au garde des Sceaux, qui goûte peu les Mamère, ceci :

« Honteux, ce qu'a fait un *m*aire, hier, dans ce mariage sans *d*ot. Et pas question de *no*ces **go**urmandes
car je n'ose parler de *fe*stin en me penchant sur leur
*ca*s ! » Qu'est-ce qu'il va endurer quand les époux
s'accoleront ! Noël prendra-t-il deux ans avec cette
histoire de Bègles ? Quel culot, ces ministres qui s'en
mêlent !

En attendant, ce pauvre Raffarin doit affronter de
durs conflits sociaux. Le 14 mai 2004, la Comtesse
met ceci, ravie, dans la bouche de Bernadette
Chirac :

« Jacques, votre Raff's'enf*erme* (sent f*erme*), il va y
avoir du sp*ort* ! S'il ne craint pas les bo*y*co/tts, votre
*R*af à do*p*er ne devrait pas autant se dresser devant les
*g*rondeurs des /rues et vous ne devriez pas *ch*icaner en
*r*iant, car vous avez eu naguère plein de grè*v*e au*ss*i ! »
Ce Raff'était pinté ?

L'heure est grave : Alain Juppé, le « meilleur
d'entre nous », *dixit* Chirac, est dans le collimateur de
la Justice :

Déconve/*V*ue au Pa*L*ais

Un moment bri*s*é après les *d*ébats, ce coureur de
Juppé avide de c*on*quêtes garde la main sur les *se*c-
tions de membres dont il attend des secou*r*s, à l'aide
de quelques *p*enauds qui se sont déjà fait ju*g*er. Ceux
qui pa*y*ent l'écou*t*e des juges mettent des vi*c*es dans les
fai*t*s. De jeunes *rou*ges parlent de *ju*pettes et de *c*lans
avides de *g*lander. Chirac, dont le *R*aff'a une forte
odeur de clo*p*e (il est *pomp*ant dès qu'on *fum*e), crée
une commi*s*sion en faisant des effets de t*o*ge. Des juges p*en*sifs b*ou*dent. Juppé /goûte peu ceux qui veulent
le *d*émettre et Bernie a une telle *c*ote que nul n'ose la
*m*ouiller (11 février 2004).

Condamné à dix ans d'inéligibilité, l'ancien Premier ministre fait appel. La Comtesse suit de près ce second procès :

Gros abus minables
(on voit ce petit dur d'Alain japper)

Face à la juge, des UMP fort minables, lapidaires : « On prenait la Cassette dès qu'il s'agissait d'un poste. On voyait cette radine compassée faire des lippes à Alain qui paniquait, la botte droite avec plein de dépit. On ne voulait pas voir trop de gens futés dans nos forteresses. Alors, le grand Jacques les faisait muter » (*Album* du 13 octobre 2004).

Alain Juppé, s'en tirera avec du sursis et une seule année d'inéligibilité. Le voilà remis en selle au grand dam de Sarkozy policé et avide de conquêtes, et au grand soulagement de Chirac, en permanence obsédé par l'ancien « nain de Bercy ». Juppé n'a pas « balancé » l'ancien maire de Paris ni madame, dont on ne saura sans doute jamais à quel point elle abusait des mets de bouche.

Mais l'événement incontournable de cette période est la guerre en Irak. Voici, en guise de bouquet final de cet ouvrage consacré à la défense et à l'illustration du Contrepet, réconfortante valeur culturelle et témoin de son temps, le regard de la Comtesse sur cet épisode aussi dramatique que controversé :

Bush ou la QUête de Dieu

Bush lance un projet de guerre, guerre qu'il imagine impérissable. Powell déballe d'antiques sites et de vieilles ogives en râlant. Saddam, qui se cache dès qu'on parle de fûts, proclame que ses ogives ne sont pas sales. Ben Laden exhibe une cassette à La Mecque et

Saddam, sa *f*iction : dix *m*issiles (*f*iction di*m*icile). Mais les boys se ma*ss*ent près de ses radar*s* depuis que Bush a lancé : « *Ce Saddam provoque nos* **tir***s* ! » et Sharon prévient : « Gare aux *g*ermes quand vous a*s*pirez ! ». Tan*c*é par des sec*t*es et sensible aux *pr*êches qui le *m*ènent, Bush s'accroche à sa *gu*erre et n'est pas près de mettre les *p*ouces. Il a même parlé des *p*aris de son ***Chey***ney et de l'assaut d'O*m*a*n* (la sodo*m*a*n*) à Po-well, qui l'a véh*i*culé. Fi des men*ac*es conn*ue*s : *l'*Irak et Villepin s'en fi*ch*ent, mais les *z'*Irakiens se dé*ch*irent. Ils soutirent plein de me*t*s de leurs Ku*rd*es, pendant que des Israéliennes aux *c*ars pleins de b*om*bes épongent les *g*aloches des *b*oys. Mais les *f*aucons s'a*gr*essent devant cette *b*usherie a*cc*lamée (*b*oucherie à *c*lâmer). Ils allaient bouffer du *R*aïs en donnant des coups de *m*ain. Or, malgré leurs p*i*les de dro*n*es, les boys *pâ*lots manquent de *bou*ffe. *D*émolis, ils protègent mal leurs *a*rrières. Écartant les petites *ch*èvres de leurs co*l*onnes, ils veulent des *c*ongés (dé*con*ger) dans leurs *ch*ars. Saddam : « *Je* b*attrai les* *ch*ï*ites et les Ku*r*des et Bush paie/ra !* » Bush : « Avec tes six *m*ilices ? Tu es *f*ou ! (sy*m*ilis, tu est *ph*ou) » Il *pr*ise ceux qui le *m*ènent et croit que ce dictateur *fou* va se faire *b*attre. Il croyait aussi que ses boys se b*a*ttraient de façon inf*i*me. Et c'est, pour l'un, le *p*oids de la *ch*ute, pour l'autre, la *liesse à fond*[1]. Pendant que des *p*illards se *b*attent, Saddam débou*l*onné et empâ*t*é, ne se *t*erre plus à la présiden*c*e. Il a pris une honteuse *f*uite en traînant deux lourdes *c*aisses. Ses fils ont

---

1. Cette contrepèterie enchevêtrée se résout en lisant les éléments gras italiques dans l'ordre numérique :
l-i-e-ss-a-f-on.
3 6 2 5 4 1 7

longtemps craint la *d*élation de sa *f*emme, et Bush fustige l'é*l*ite (les *l*ites) des Irakiens *b*êcheurs. Et en *f*ouillant des chei*kh*s aux *a*rpions *mo*rcelés, les GI ont découvert des *s*corpions dans leur ca*m*e. (*Sur l'Album de la Comtesse,* premier semestre 2003).

Désormais, l'Irak souffre des Bush...

Sauf horreur ou émission, cet ouvrage propose 950 contrepèteries, dont on donne la clé dans le corps du texte en indiquant en caractères gras les lettres à ne pas permuter en présence d'âmes innocentes. Mais il offre aussi une prime de 400 contrepèteries non traduites, dont beaucoup se sont, presque à l'insu de notre plein gré, glissées dans le texte. Rassurez-vous, chers lecteurs, elles sont toutes répertoriées, et pudiquement décryptées dans l'annexe en sus (contrepèterie de Jacques Antel) *: « La **S**olution des **P**ièges », que l'on peut découvrir à partir de la page suivante.*

SOLUTION DES PIÈGES

Voici une aide au décodage de toutes les contrepèteries non décryptées dans la première partie de l'ouvrage. Comme un « Que Sais-je ? » ne saurait renfermer des vocables offensant la décence, les solutions des pièges ne sont pas notées dans leur crudité, mais sous le pudique paravent des « solutions figurées » inventé par Luc Étienne. Les lecteurs par avance épatés par la face cachée d'une contrepèterie sont invités à la découvrir en permutant les lettres italiques grasses. Exemple : « L'aqueduc se déverse dans un trou. » Solution figurée : « L'aque*duc* se déverse dans un trou/. » (pour les contrepèteries par déplacement, il convient de transporter les lettres italiques grasses à l'emplacement indiqué par le « slash/ »).

Les libertés que ces solutions semblent parfois prendre avec l'ortaugraf sont des anticipations sur celle de l'état final après traduction. Ainsi la précédente contrepèterie : « L'aqueduc se déverse dans un trou » peut se retrouver finalement décryptée : « La queu*duc* se déverse dans un trou*e*. »

Personnes sensibles, n'oubliez pas que décaler les sons s'effectue aux risques et périls de votre virginale innocence. Les lecteurs qui ouvrent ce livre sont en quelque sorte les invités de l'auteur, lequel entend ménager les pudeurs de ses hôtes.

Avant-propos

Le Contrepet, c'est l'art de dé*c*aler les *s*ons que dé*bite* notre *bouch*e [...] Nous savons peu comm*u*niquer avec les *c*en*s*eurs [...] (il ne faudrait pas trop ta*r*der avant de reconnaître un tel mé*t*ier), [...] Nous penchant sur leurs *d*ires, nous tr*a*querons leurs *m*ots jamais *p*assifs et nous les *c*ite-

113

rons en déballant nos sources au cours de ces balades où nous dégagerons de leur verbe agile un sens bien actuel [...] les patients du grand Sigmund exposaient leur vide affreux/ (leur vid à Freu/) [...].

Nous avons toujours été dans l'attente des PUF...

Avertissement

Musicien amoureux des verbes en joie, agitateur impénitent des mots que nous voyons passer [...] nous décalons les sons (pour mémoire) [...] fouille, c'est une quête [...] Nous déballons ces sources à la fin de l'ouvrage, sans nous soucier de tel ou tel pédant plus ou moins éculé qui attendrait en vain que des « Que sais-je ? » (queues sèjes) chutent. Insensible à sa glause et ignorant son cand, nous cherchons, quant à nous, à cogiter sans /haine...

Introduction

... l'abus des élites [...] l'élite (les lites) des barons dont on révère l'élection [...] le cas bien vilain [...] balade autour des sources [...] cette monographie [...] pour ouvrir bien des portes [...] Décodons dans l'espoir d'être bien noté [...] éculés et mal entendus [...] La fermière laisse picorer sa poule aux communs [...] la pine /aide des coprains [...] Attention, vous faites couler votre vin sur votre colit ! [...] Docteur, ce côlin ne sent pas le thon [...] Les étudiantes dégustent les pains de leurs copines [...] des hellénistes qui étudient les filiations dans l'Hellade [...] les quipes des copines [...] ce gros malin est bien cambré [...].

Les caz précèdent les grottes [...] Il y a trop de clands dans nos groupes « [...] l'on paise et embale [...] l'on baice et on suse [...] son drain sur les vergetures [...] mais elle ne d'endête pas sur le tard [...] qui louit sagement [...] observer les muts de façon avisée [...] n'importe quelle matte bestiole le sait, l'amu libère et permet de resourcer bien des fraîles mouches et des insects feins. Ces histoires de mus auraient-elles réjoui l'acant ? L'accant s'en serait-il amusé ?

[...] sans *c*esse et sans *f*ein [...] *m*ines de *p*erles [...] un enfant de *pai*tain la b*u*se [...] donner un coup de m*a*sse à
l'antique pé*t*ain [...] fou de *p*étins et de *t*énis [...] pé*thym*
ayant l'odeur de *nis* [...] la ver*v*e bien a*g*encée [...] dé*c*aleurs
de *s*ons [...] Juppé rêve de *Sar*quer *ni*cozy [...] des zél*u*s soucieux de leur *c*ote [...] enchantent nos *pa*jes même quand ils
sont dans la m*in*orité [...] la b*u*s des él*i*tes [...] parmi ces
*m*utains, il faut que nul ne s'em*p*erde [...] l'auteur ne *t*ouche
rien d'aucune pu*b*e [...] elle est même capable de reconnaître
les meilleures pa*g*es à l'us*in*e en voyant celles qui se *c*orn*en*t
pendant la f*a*brication [...] la b*o*te des zél*i*tes [...] les r*u*ss
an*ares* privés de *lux*e mais avides de *bit*ure, cette m*u*se jamais ne s'*oule* [...] que la m*u*se ha*bit*e [...] on aime les
li*è*vres, au f/*ond* [...] Bernie cache aux juges l'av*ion* de Jacques qui essuie leur *f*eu. Lui nie qu'il en*role* des pilotes
qu'ensuite il ac*cu*se : « Parler de *gl*ames me fait mal au
*d*and ! » [...] La contrepèterie stimule les nœuds ro*n*es et ce
n'est pas p*é*sible...

Petite histoire du Contrepet

Prologue rabelaisien : « Et l'Équivoque fut... » [...] femme
*f*olle à la *m*esse, & femme *m*olle à la *f*esse [...] A beau *m*ont
le vi*c*omte [...] à beau *c*on le vit *m*onte [...] sans que jamais
le *m*ot de Tabourot ne s'av*i*lisse [...] Rabelais fut-il un
am*u*sant ab/é ? [...] en *n*'ouissant, par le *j*œud, de *s*ons con-
tra*c*tés [...] Attiré par tant de *g*aires *p*aillardes [...] prêt à
*j*aillir, éri*ssé*, au *p*assage d'un *m*ot apte à déchaîner les débordements du dé*c*aleur de *s*ons. Comment résister, au sein
de tant de fortes *r*esses à tous ces gros bou*ff*ons (bouts
*f*onds) qui s'*é*branlent et *se* battent [...] il fut à coup sûr un
*s*ain bien *tr*ucculent.

L'An I de la contrepèterie

[...] un *fa-sci-cu-le* (contrepèterie de Jacques Antel)
    2   3 1 4
[...] Sans doute se dé*l*assaient-ils en *p*ouffant [...] les
nich*es* de leurs compagn*on*s [...] les *r*ites *b*ouges [...] « Il faut

désider si l'on baice » aurait-on pu /ouir sans *j*haine [...] la pro*t*ection de l'habit rou*g*e (de la birou*j*e) [...] le *f*eu de *p*outre [...] à peine un *p*eu *n*ourri [...] sur les ver*b*es en *j*oie [...] que ci*r*culeront au milieu des *r*angs populaires les *m*ots jamais *p*assifs [...].

*Dés*Ert *et pép*Ites.

Des li*g*ueurs dans le *v*ent et des pu*r*itains aux tristes o/ffices ont tant bri*d*és de beaux *z*'arts [...] Il n'est qu'assou*p*i dans les *v*ers (*v*aires) [...] des Bi*b*les acca*t*ées [...] M*u*se qui rarement le ref*ou*la [...] La mort de la reine Victoria *s*on*n*era de *b*ell*e* façon sans autre *en*vie le gl*as* des ce*n*seurs si rarement ém*u*s (*s*en*c*eurs... aim*ut*s).

La Renaissance du Contrepet

[...] et de bien *vi*ser avec son *b*a*i* [...] on vénère dans les pays Ba/s le cu*lt*e des *c*ourdes *l*atins.

Le « *bréviaire* »

L'aumônier qui cou*v*e ses *z*'ouai*ll*es [...] une cha*p*e *t*uante [...] qui n'avait donc pas l*u* Per*c*eau [...] ra*vit*s d'avoir de tels *dieux* [...] Devant tant de *p*ierres *f*ines [...] ils déb*al*lent volontiers leurs *s*ources [...] si elle dé*rou*tait des bi*g*o*t*es ? [...] Chaque compilateur a a*cc*olé ses *f*ouilles [...] les *s*ources de son *b*onheur fi*x*ées dans les régions (l'ér*e*gion) [...] Ils ont bra*v*é sans *t/*iquer et se jouent encore du *t*em*p*s qui sé*vit* [...] il faut être *p*eu pour bien *d*îner.

La « *bible* »

[...] follement épris de belles le*tt*res bien *v*enues.

Émules du pape

Dé*b*allons et *c*itons [...]
Sa*g*esse n'est pas *f*olie [...] issus des Beaux-/Arts et prêts à tous les *d*ébats. Voici une *sé*lection qui ne manque pas d'*air*.
Le t/out de mon cru.

Manuel de Contrepet [...] L'art de dé*c*aler les *s*ons [...] *ann*exe en *s*us [...] super/ histoire de cu*be*.

Sa*b*ine et ses *p*otes [...] Sa*b*ine friande de *p*èze.

Le contrepet quotidien [...] sa *p*êche retirée du *fl*ot nourri de *v*aires *p*elues, d'homme *au* lit hé*r*étiques, de discours *l*ongs et *c*ourts, des *t*ouches de pu*b*es [...]

Le dico de la contrepèterie [...] la pi*s*te de la *n*ar.

*TI*tres *FOU*rrés [...] Jacques Antel, qui ne bi*ff*e pas les sous-*ti*tres, jette ses *cou*ps *d'œi*l sur la *pr*esse dès qu'il sent que s'y *f*aufile [...] Cette cha*ss*e n'est pas pi*t*euse [...] ces *p*a*g*es qui réjouiront même les personnes mi*n*eures [...] J. Antel ne *d*éduit pas tant qu'il n'est pas *s*ûr...

La contrepèterie pour tous [...] qui parle aussi bien de bi*ch*es que de mi*t*e au logis (ou : de *b*iches que de *m*ite au logis) [...] matière à *r*edire en se bouchant le *n*ez.

Annuel de la contrepèterie [...] Armelle Finard (*pour mémoire*) *r*enoue avec le *j*eu [...] elle rêve de *r*ubrique annue*ll*e (annua*il*e) mais pas d'in*d*ex in*s*olent [...] (et pas un *p*œud *n*ourri) [...] dé*b*aller les *s*ources communes (*pour mémoire*) (les ba*l*i*s*es sont pourtant bien pr*o*ch*e*s), ou goûte-t-elle les *p*aro*d*ies (les *p*ards aux *d*is) ? [...] Ce *pl*on mérite d'être bien coté.

Ceux que la *MUS*e ha*BIT*e [...] de f*l*iction de son c*r*u [...] sans zo*d*s a*b*orés ni *v*aires bien *p*elues. Des épines /lancées dans la *p*ente e*ff*ilée ?

Auteurs qui ont bien mérité du Contrepet

Claude Gagnière [...] Sa *p*e*in*e lui rapporta quantité de pé*p*i*t*es [...] *P*an qui ne *gl*andouille pas [...] qui, sans être spécialement *m*utins, regardent *p*asser les péni*ch*es à la *S*eine.

Pascal Bouché, qui at*t*i*r*e les sa*trap*es [...] Il faut être bou*ch*é pour ainsi dilater les *r*ates...

Marc Lagrange [...] échantillon vi*n*icole sans por*t*o [...] chérit les vigneronnes qui font goûter leur v/in aux voya*g*eurs...

Boby Lapointe [...] Boby suit la t*r*ace d'un me*nt*eur reluquant Lydie, que sa famille *t*en*t*e et *a*ccule.

Le Contrepet en kit

Nous *t*ouchons parfois de drôles de pu*b*es qui nous apostrophent ainsi : « *Votre qu*ite *est en* **b**oi *?* » [...] et si, en*ferm*é dans une *fil*e loin d'un *c*aissier *f*âché, vous êtes précédé d'un jeune d*u*r venant de se payer des p*a*tins, vous *p*ouffez en faisant vibrer ses rou*l*ettes [...] « *Ces* **k**its, *c'est pour les* **b**ons *!* ». Vous ne *b*afouillez pas en parlant de *k*its, même de *k*its pour *b*oucher ou de *k*its pour *B*armen, mais vous n'osez parler de *b*arême pour les *k*its. Vous pourrez même donner vos cou*r*s si vous avez une belle pa*y*e [...] si elle n'a pas compris vos propos sur les *k*its c'est qu'elle était *b*eurrée (elle est é*b*œurée). Ces fameuses *ch*oses, que vos étudiants sentiront en *r*iant, une fois qu'ils auront pris votre *k*it dans leur *c*abas [...] Il ne s'agit donc pas de *k*its que l'on cache dans des *b*ottillons ni des *k*its de *b*ateaux (*b*athos) à tremper dans un *b*on *c*anal. Remplissant des vé*f*ins (vel*f*ins) à la p*a*ge avec plein de *t*erme (est-ce un *s*port ?), notre *k*it est à *b*rocher (a*b*rochée).

Les mécanismes contrapétiques [...] sauf h*orr*eur ou *é*mission.

Le décryptage des contrepèteries [...] des neuro*n*es (*n*œuds ro*n*es) avi*s*és ; Le Décrypteur /ouït en co*j*itant [...] le *m*ot co*p*ain [...] *t*erre de *P*apeete [...] *t*ypes de *P*apeete [...] trente *j*eux de Pâ*qu*es ou trente pa*qu*ets (pa*c*ais) de jeunes grai*n*es [...] tels des *p*lants engraissés ou des *p*ousses *g*aillardes les ver*b*es exi*g*és pour dé*c*aler les *s*ons.

La composition des contrepèteries [...] quel tr*o*c sus*c*ité (tr*o*que su*ç*itée) [...] qui se livre aux plaisirs de la *s*erre (*ç*air) derrière l'évê*ch*é (les vé*ch*és) est comblée dès qu'elle voit *j*aillir après l'aver*s*e (la ver*s*e) [...] si, comme le *p*lant *g*uère vert (*p*land *g*uervers) précité, cette *p*ousse est engraissée, cette *p*ousse ne vient pas pour autant de la *G*uinée. [...] la religieuse empêchera le jardinier *f*ou de planter fébrilement une vieille pou*ss*e et l'évêque, voyant qu'il a *f*ailli avec cette pou*ss*e (il était ratatiné, le *g*ui de cette vieille *p*ousse), chargera une belle *f*ervente de lui fournir une autre *p*ousse. De préférence, une *p*ousse *d'*Ussel (une *p*ouce *d*ucelle) [...] Cette brave pou*ss*e n'est pas *f*eignante [...] du *p*écheur au *h*eu *f*aoul, en*s*oiré, qui laisse traîner deux rou*ss*ettes dans la *p*oupe [...] cette po*u*sse provoque bien des gli*ss*ements (ou, à la rigueur : cette *p*ousse provoque bien des *g*lissements) [...] On peut n'être *g*arant d'aucune *p*ousse et s'en pa*ss*er (s'empa*ss*er) faute de pétale*s*. On se bran*ch*e alors sans dé*l*ai sur d'autres *m*ots *p*arents [...] notre pou*ss*e presque sans *f*eins [...] Privé de *m*enthe, le jardinier *f*ou qu'obsède cette *p*ousse ne cesse de *g*uetter, croyant (*t'*)ouïr dans la fan*g*e : « *T'es sûr que je* pou*ss*e *?* » Le voilà fê*l*é par sa pou*ss*e... [...] Ayant *q*uitté en l'em*b*rassant [...] toutes sortes de *b*ranches se dressent dans la *m*ousse [...] au *f*/ond, même sans *b*iaiser [...] Son *v*in ira avec un beau *b*rie [...] on distingue mal le *c*ou de sa *m*ule [...] Ce *g*ueux attire les re*n*ards [...] Il n'y a pas de *m*agot dans son *ch*ai [...] pourquoi é*v*iter le **R**hin ? [...] leurs *ch*aie sentent le *r*aud [...] Les *tr*ois pou*ss*ent [...] Le gla*s* vibre dans la *t*em*p*ête [...] Aucun n'a le *g*out dé*b*ueu [...] Les *v*oies cri*ss*ent et les *r*ailles *c*ou*p*ent [...] Docteur, ce *p*us fait d'énormes *cr*oûtes ! [...] C'est mieux qu'un *c*am*p* em-bê*t*o*n* [...] Blanche Neige mettait ses *n*ains dehors dès qu'elle tapi*ss*ait [...] Encore un *p*on de *c*oupée ! [...] On imagine sans *p*éne et non sans *m*a*l*is [...] Ne vous laissez pas bâi*ll*onner les *c*ou*t*es ni les *j*oies de votre ver*v*e.

Contrepet, langage, obsession textuelle et rire

Pourquoi la langue française est-elle si propice au Contrepet ?

[...] sans *g*êne ne peut que proposer des *p*istes [...] La langue du contrepéteur apprécie les *r*ares *d*oses : trop de *l*e*t*tres à la fois, c'est *f*ou ! Mais on finit par avoir quelque *l*ueur à force de *s*écher [...] vider leurs *s*a*cc*oches en quel-ques *b*a*ll*ades [...] qui se dé*br*ouille pour disposer, chaque mercredi, d'une riche *p*alette avec des *m*eu*tt*es de ta-pi*n*oses [...].

Les aCCents d'éréGion

[...] les dames de charité apprennent à distinguer de vastes *c*lans de pauvres *g*ueux, le ministre de l'Éducation se soucie des gens qui bai*c*ent dans les ly*s*ées et le gardien de phare de Brassens se livre aux plaisirs soli*d*aires sur le *t*ard [...] la paye, c'est la ba*y*e dévoi*s*ée [...].

Autres *r*égion d'é*l*ections [...] Mais les dames de charité ne le lè*c*eront jamais dans les vé*ch*és, les vé*ch*és ou l'on voit parfois les *c*énobites (lé*c*er nos b...s) et où les *p*ers *c*on*v*ers *ch*antent dès que Monseigneur les lai*ss*e.

[...] ces hy*b*ériques *st*aisent [...] ni le calemboureur ni le contrepétant ne cherchent à en*ferm*er la fi*l*ière [...] qu'on ne saurait confondre avec la *b*erge dé*v*ile, la *b*erge dé*v*andée, ou une quelconque *b*erge entourée de *v*agues [...] elle saisira deux *v*alloches cachées sous une *b*erge, *b*erge qu'aura dévoilée un Ser*v*o-Croate. Elle dévoile comment elle vi*v*ra sur la *b*erge.

[...] Penchons-nous sur les *Ru*sses en *fê*te. Tout en *ch*antant, nous lai*ss*ons Natacha faisant goûter ses *p*eins à *S*outine, et *B*aurice qu'elle a fait *m*ander, crier : « *Quel* né*g*in », ébloui par l'admirable né*v*a. [...] Des mycologues débutantes présentant des *v*olves tout à fait t'*u*niques [...] comment les *f*er*m*er en faisant jaillir plein de s*p*ore.

Une THèse non aBerrante de contrepétophonologie

[...] une *b*elle *th*èse [...] qui apprennent la fo*nn*ation à l'aut*el* avant même d'avoir découvert des *ch*ambres d'am*i*s [...] des p*r*éts fo*n*étiques [...] une b*ell*e ph*o*nation [...] *v*oil du *p*alet [...] où se *n*iche son *p*alais [...] c'est parfois dém*e*nt (des *m*ands) à l'intérieur de la *gl*otte [...] En proie au dé*fi*r, il *z*ape [...] les *n*ymp*h*es *p*iromanes [...] il gambade jusqu'au *f*euil d'une *s*ente non loin d'un *r*u tumultueux qui *c*oule [...] il hésitait même à filmer la *s*énette quand jaillissaient ses *n*ains : la *l*ou*e*tte taquine la m*u*le. Mais notre rêveur a mal *n*otté les *f*roix [...] son *b*onais coincé sous un *p*attin (les *p*atins a*cc*rochent) [...] le *f*eu dans la *n*arine [...] le rhume du tarin [...] coup de foudre, c'est toux : « *Veux-tu te moucher !* » L'ayant mouché et réchauffé contre sa cotte [...] Il a fort paniqué [...] Mais il aura tôt fait de tourner sa peine vers ses livres. Il est de ceux qui se battent pendant la thèse [...] chaque fois qu'il aura peine à lire, il se verra encore, pâtre en mal d'infusion, goûter, un peu fou, la menthe d'une bergère en train de soulager le né qu'il a poissœud.

Sens textuel, lapsus et Contrepet introspectif

[...] notre tas de bouquins [...] comme tout carabin biaisant avec une belle pass/ante [...] l'écoute non brouillée du journaliste [...] ces histoires d'ovules excitent la verve des dames fêlées par la tentation [...] espérant peut-être se caser après les avoir baissés [...] troublé par une troupe de pédégère et des fragrances de clico [...] qui présente ses gros sistes aux copeins, lesquels passent leurs couches au détaillant.

Contrepet, rire et contrepétothérapie de groupe

[...] nul ne pense plus à chicaner dès qu'il rie. [...] au chef d'entreprise dont le staff est pressé [...] sous-évaluation du coût des bureaux [...] Les inquisiteurs auraient brulé, le contrepéteur encode [...] il faut un n'ard consommé pour décoder [...] si l'on exerce son n'ard en agaçant les prudes. On détonne encore plus en taquinant de vieilles biques [...] Ces futures chefs de cuisine présentent-elles leur ju au cury ? [...] le libérateur présente ainsi sa thèse [...] s'épanouissent les populations de taquins [...] sa thèse qui lui a donné du bonus [...] comment ouvrir la valve de l'humour [...] les carabins contrepoètes luttent en rimant [...] mètre écrivain fort peu prisé [...] le moindre pot doit être prescrit. Cela soulagerait et les patients dont les chanbres seraient de véritables lices, et les soignants qui, une fois opérés papules qui s'enkystent ou côlons (cots longs) sentant la vinasse, se lâcheraient en délivrant des messages aux infirmières qui quêtent des bistouris et en se reposant sur ces bonnes fées soignantes.

Le contrepet pour tous, lutte contre la dyslexie

[...] les co*l*onnes bran*ch*ées.

Pour mémoire : l'art de dé*c*aler les *s*ons que dé*bi*te notre *b*ou*ch*e.

[...] surtout quand les *s*ons sont *c*ourds [...] une b*ell*e fo*nn*ation [...] C'est ainsi qu'en se prêtant aux *g*eues des *qu*es-tionnaires, on cesse de redouter d'être in*ai*pte à la b*a*se [...] Un *b*on *c*allot[...] [...] *Capu*let (c.. pas laid) [...] *Capu*cin (c.. pas sain) [...] Les a*cc*ents d'éré*g*ion [...] le déb/*i*t du *c*ru.

Contrepets à thèmes

[...] les *n*osses *gou*rmandes [...] les *v*entes *f*astes [...] records *m*ensuels pour des *s*embres. Ces grands *f*outs sont avides de *b*esses [...] Tant que le *b*aque n'est pas *c*leau [...] on ne manque ni de *m*attes ni de *ch*imis [...] que les acteurs rendent palpable par leur *j*eu, aidant ainsi le spectateur à bien *n*'ouïr [...] Et pour recueillir les *f*ruits des *b*esses qu'a provo-quées Nicolas Sarkozy, on déta*x*e l'éré*ill*ion. [...] elle bou*cl*e les *d*itos [...] Le *d*roigt et les *t*iques – *F*onds et *r*entes – *T*o*nn*es de *b*ou*ff*e et plein de *v*ins aus*s*i [...] B*a*lles et s*h*oots – A*u*tos abîmées, sou*ss*is et rad*a*res – Ma *r*ine e(s)t *p*êche – (la pu*b*e dans tous ses é*t*ats) – La *m*ode aus*s*i – *Beaux de*ssins.

L'ab*U*s des él*ITES*

[...] les co*l*onnes bran*ch*ées [...] Des m*ai*ssages pour la b*a*se, loin de la b*u* des é*l*ites [...] Ce bou*ff*on a toujours été dans l'a*tt*ente [...] *r*égion d'é*l*ection [...] elle met le *f*eu en *n*'eux [...] cette *fl*amme n'a pas fini de relever le g/*a*nt [...] La comtesse visitée par l'â*m*e de Lacan (la *m*eue de l'*aqu*ant) [...] *R*acan était *l*isible [...] les pu*f*es sont bonnes aux *t*esses [...] la *gen ver* bois [...] il /*t*ouche et *h*abite le *f*ond de la *C*reuse.

[...] sa gouvernan*ss*e sans fê*t*es, perd*a*nt qui ne sait plus comm*u*t niquer, Juppé, un gros *n*ion sous le *fœu*d de ju*j*es qui *l*ouissent, *r*ustre qui fait mal aux p*o*tes et n'est plus prai-sant dans aucune é*l*ection [...] le pédé*g*é bien /*n*é [...] ce n'est

pas un vi*l* magistra*t* [...] dont l'aimable vo*it* sent la
ni*s*ette [...] Pasqua repris de just*e*ce sans évoquer ses problèmes de fi*s*ses [...] la Comtesse supp*ute* sans faire la p*o*se.

[...] Beaucoup de candidats sont p*r*aisants dans les *l*uttes [...] ce j*u*les est friand d'an*i*s [...] en *t*aisant la pu*b*e [...]
qui g*ou*tte peu les ma*m*ers [...] Qu'est-ce qu'il va en*d*ur*er*
quand les époux s'a*c*oleront ! Noël prendra-t-il deux *z*'ands
avec cette histoire de bai*gle* ? Quel c*u*lo, ces ministres qui
s'en*mé*lent ! [...] la Comtesse met ce*c*i, ra*v*ie (ce *s*sit ra*v*is)
[...] Ce *r*af est ép*e*inté ?

Gr*Œ*Es ab*U*minables

Face à la juge, des UMP formi*n*ables la pi*d*èrent [...] Sarkozy polis*sé* et avide des qu*on*quettes [...] Chirac en permanence obsédé par le *n*ain de Ber*c*ie [...] À quel point elle
abusait des *m*ets de *b*ou*c*he.

[...] Désormais, *L*irac souffre des bou*c*hes.

Solutions des *P*ièges

[...] on livre les *s*olutions des *p*ièges qui ne sont pas
*n*otées dans leur *c*rudité [...] Les lecteurs par avance *é*ppâtés
par la f*a*sse cachée [...] lequel entend ménager les *pu*deurs de
ses *o*tes.

Sources du *B*onheur et *S*ites dé*B*allées

On y rencontre des *cl*aunes dans les *f*aques où l'on
con*p*ile les *g*ènes et des pê*ch*eurs au neutr*i*no (des pè*ch*eurs
au nœud tr*i*naud).

SOURCES DU BONHEUR
ET SITES DÉBALLÉS

[1] Luc Étienne, *L'Art du Contrepet,* Pauvert, 1957.

[2] Joël Martin, *Manuel de Contrepet,* Albin Michel, 1986.

[3] Jacques Antel, *Le Tout de mon cru,* La Musardine, 2002.

[4] Agnès Rosensthiel, *Le dictionnaire des touts petits,* Larousse, 1989 (dessin illustrant une contrepèterie de Joël Martin).

[5] *In* Préface du *Manuel de Contrepet.*

[6] François Rabelais, *Pantagruel,* présenté par Jacques Perret, Gallimard et Livre de Poche,1964.

[7] http ://perso. wanadoo. fr/cascade. sarl/rabelais/pages/lesiecle. html

[8] Joël Martin, *La Bible du Contrepet,* Robert Laffont, collection « Bouquins »,2003.

[9] Soraya Tlatli, *Le Psychiatre et ses poètes,* Tchou, 2000.

[10] http ://perso. magic. fr/ormerry/boby/bobylapointe. html

[11] Joël Martin, *Sur l'Album de la ContesTe,* Albin Michel, 1997.

[12] http ://www. fun-with-words. com/spoon_example. html

[13] http ://www. straightdope. com/mailbag/mspoonerism. html

[14] Georges Brassens, *Quand je pense à Fernande,* 1971.

[15] René Goscinny et Albert Uderzo, *Astérix en Hispanie,* p. 27, Dargaud, 1969.

[16] Sigmund Freud. *Psychopathologie de la vie quotidienne* (1901), Payot, 1976.

[17] Jean-Guy Millet et Gabs, *Nouveaux lapsus révélateurs de la vie de bureau,* Éditions Eyrolles, 2003.

[18] Henri Bergson, *Le rire, essai sur la signification du comique* (1900), PUF, 2002.

[19] http ://perso.wanadoo.fr/martine.morenon/linguist2.htm On peut lire aussi : *Sexualité et langage,* Jean et Martine Morenon : « Des relations complexes », *Sexologies* vol. II, n° 9, septembre 1993.

[20] Auguste Penjon, *Le rire et la liberté, Revue philosophique,* 1893.

[21] Emmanuel Kant, *Critique de la raison pure,* PUF, 2004.

[22] Sigmund Freud, *Le mot d'esprit dans ses rapports avec l'inconscient* (1905), Gallimard, 1988.

[23] Georges Colomb, dit Christophe, *L'idée fixe du savant Cosinus.* Armand Colin, 1899, réédité en 1970 et 2001.

[24] *La Recherche,* n° 371, janvier 2004.

[25] Daniel Pennac, illustré par Bernard Ciccolini, *Le crocodile à roulettes,* Gallimard Jeunesse, collection « Gaffobobo », 2001.

On peut lire aussi dans l'excellente revue de vulgarisation *Pour la Science* des textes d'apparence parfaitement scientifique, mais en réalité truffés de contrepèteries à haute densité. Ces textes, articles, brèves, ou lettre de lecteur, signés tantôt « Le Vicomte Aumont », tantôt « Maël Jortain », apparaissent cycliquement, depuis quelques années, dans chaque numéro d'avril de cette très sérieuse revue. Rappelons qu'avril, c'est le mois dont le premier jour est celui du poisson. On peut savourer ces canulars une fois ses canards lus. On y rencontre, entre autres, des clones dans les facs où l'on compile les gènes et des pêcheurs au neutrino (décryptés deux pages plus haut)...

TABLE DES MATIÈRES

Avant-propos	3
Avertissement	5
Introduction	7
Chapitre I – **Petite histoire du contrepet**	15
Chapitre II – **Le contrepet en kit**	38
Chapitre III – **Contrepet, langage, obsession textuelle et rire**	55
Chapitre IV – **Le contrepet pour tous. Lutte contre la dyslexie**	78
Chapitre V – **Contrepèteries à thèmes**	88
Chapitre VI – **L'abus des élites**	100
Solution des pièges	113
Sources du bonheur et sites déballés	124